女性と子どもの貧困
社会から孤立した人たちを追った
樋田敦子
大和書房

貧困や格差が叫ばれて久しいなか、事件は起こった。

2014年9月24日、千葉県銚子市の県営住宅で、
この部屋に住む中学2年の女子生徒が死亡しているのが発見された。

千葉県警によると、家賃滞納で明け渡しを求めようと訪れた
千葉地裁八日市場支部の執行官らが遺体を見つけた。
傍らには43歳の母親。
「生活が苦しくなり、娘を殺して自分も死のうと思ったが、死にきれなかった」
「家を奪われてしまって、住むところがなくなれば、死ぬしかない」

女子中学生は、バレーボール部に所属する明るい少女だったという。
母親はシングルマザーで、前夫からの仕送り、児童手当、
学校給食のパート代で月に14万円弱の収入しかなく、
実家とも音信不通だった。

ところがこの母親は、以前に、生活保護の内容について知りたいと、
市役所を訪れ、説明を受けていた。

公的機関との接触はあったのに、なぜ救えなかったのか。

少女の命は、救えた命ではなかったのか。

このほか、さまざまな貧困から起こる事件は後を絶たない。
日本の女性たちが、子どもたちが
おかれている貧困を聞き、見た。

『女性と子どもの貧困』　目次

第2章 「貧困女性」が妊娠したら

第3章　普通の女性が「貧困女性」になる日

第4章　「無戸籍」という問題

序章

あなたの隣人は、貧困かもしれない

「生活が苦しい」と感じている人が6割を超えた。厚生労働省による２０１４年の「国民生活基礎調査の概況」から見えてきたデータである。

また児童のいる世帯ではもっと深刻で、全世帯の平均以上の67・４％となった。


初めて貧困を目にしたのは、２００２年。多重債務を抱えて自己破産したパート主婦、和美さん（32歳）に会いに行き、貧しい生活の中で、懸命に子どもを守ろうとする母親がいることを知った。多重債務という言葉は知っていたが、どこか他人事《ひとごと》で、ごく普通の生活を送れない〝普通じゃない〟人が現実にいるのか、という感覚だったかもしれない。

その頃、私の周囲では、貧困について語る人は皆無だった。そもそも日本に貧困なんてないというのが常識で、貧困のことを話すと「昭和の頃はみんな貧乏だった」という言葉しか返ってこなかった。

一方で、１９８２年以前はサラ金地獄、92年はカード破産、そして98年には商工ローンが社会問題化し、自己破産の件数は年々増大していた。

さらにヤミ金融が横行して、ついには03年、自己破産は過去最高の24万２３５７件にのぼった。

それに呼応するように自殺者の数も増え、警察庁生活安全局地域課の調べでは、03年は

3万4427件、そのうち経済・生活問題を原因とする自殺者は3654件となっていた。

バブル崩壊後、経済は破綻し不況まっただ中。不良債権は拡大し、就職氷河期に当たった大学生は行き場がなくフリーターやニートになっていたが、それでも貧困は、すぐそばにある問題ではなかった。

普通の主婦がなぜ？

神奈川県の湘南――。夏になればこの辺りは車の渋滞でひどく混雑するのに、最寄り駅から徒歩30分以上かかる真冬の町は、ジングルベルも聞こえず閑散としていた。

高級住宅地の一角にある築20年以上の2Kのアパート。ここに和美さんは2歳上の夫と6歳、4歳になる娘2人と住んでいた。

夫は高校卒業後、近所にある電気関係の工場に勤務し、和美さんがパートで月に3万円ほど稼いで家計を助けていた。毎月の収入は2人合わせて20万円弱。夫のボーナスは業績悪化で支給がなく、パートの和美さんの収入は、家計費として右から左へと消えていく。家賃4万円、そのほか光熱費、食費を払うと残金はごくわずか。貯金もなかった。それでも切り詰めて生活すればなんとかなった。それなりに一家は楽しく日々を過ごしていた。

ところが事態は一転する。和美さんの友人の結婚式が立て続けにあり、さらに親戚の不幸も重なり、祝い金に香典にと急な出費が相次いだ。

そこへ下の娘が喘息の発作を起こして緊急入院する事態になってしまった。給料日前とあって、財布には1000円札が数枚と小銭だけ――。

「夫は体が丈夫なほうではなく、家に帰って食事をすると、すぐ寝てしまい、また朝早く出ていくという毎日。しかも会社で何かトラブルがあったらしく、精神的に不安定になっていて、夫にお金の工面を相談できなかったのです。今月どうしようかと悩み、浮かんできたのは、たまたま家のポストに入っていたヤミ金のチラシでした。月々、分割で返済できるとあり、10万円を借りてしまったのです」

返済は毎月1万円だと思っていた。ところが毎週のように取り立てが来た。

「奥さん、借りた金は返すのが世間の常識だろ」

抗議しても「ちゃんと契約書がある。返さないとどういうことになるか、わかるか」とすごまれた。

子どもを連れて帰宅する午後5時になると、きまってブザーを何度も鳴らす。出ないでいると「いるのはわかっているぞ」と声を荒げる。さらにドアを執拗に叩き付ける。部屋の中で母娘3人息をひそめて、音が鳴りやむのを待ったが、このときばかりは生きた心地がしなかったという。

「借りるときに満足に契約書を読まなかったのが決定的でした」と和美さん。

そこからは返済に明け暮れ、払っても、払っても元本は減らず、督促が続いた。

返済できないので、また別のヤミ金業者で借りる。業者同士は返済者情報を共有しているのか、別の業者が「あそこよりもうちのほうが、もっと安く借りられる」と夜になると電話をかけてきた。

少しでもお金を得ようと、時給のいい事務のパートに就いた。夜から明け方まではお弁当屋の工場でダブルワーク。その収入の8万円はすべて返済に充てられた。

もやし、もやし、もやしの日々

毎日の食費にも事欠くような日々。

「お母さん、またもやし？」

スーパーマーケットではもやしがダントツで安い。買ってきては、ゆでてサラダに。割安な卵で、卵とじに。カレーの具がもやしだけだったこともある。子どもたちはさすがに飽きていた。

部屋の中を見まわすと、精神的に余裕がないのか、家中散らかり放題。洗濯物はたたまれずにうず高く積まれ、部屋の隅にはホコリがたまっていた。喘息には掃除が欠かせないのに……。暖房もなく服を重ね着していた。

夫は和美さんの窮状についてうすうすは気づいているようだったが、自分ではどうすることもできない。借金のことは一切口にしなかった。夕食を食べると、さっさと寝床に入り、見て見ぬふり。すでに夫婦に会話はなく、子どもたちの声だけが部屋に響いた。

「そんな返済で私は疲れ切っていました。このままずっと、返済をして一生を終わるのか。子どもたちにまでかわいそうな思いをさせ、生きている価値があるのかと落ち込んで、自分の死を考えるようになったのです。でも子どもをおいては死ねない。娘たちとの心中を考えるようになりました。私がこの子たちと一緒に死ねば、すべて解決がつくと思い込んで――」

いつ死ぬか、決心はつかなかった。追い詰められて、やってきた電車に飛び込もうとしたこともあるが、できなかった。

ある日、多重債務による借金苦を、自己破産によって解決している弁護士のニュースがテレビから流れてきた。画面にはモザイクがかけられた主婦の顔が映っていた。

「借金で死ぬよりはいい。自己破産を選びました」

「私と同じような人がいた……」そう思った和美さんは、弁護士の名と連絡先を素早くメモし、翌日パートを休んで、東京にいる弁護士に会いに出かけた。

弁護士との出会いが人生を変えた

初めは10万円だった借金は、利子も含めるとどれだけに膨れ上がっているのか。とてつもない金額になっていないか。不安を口にする和美さんに弁護士は自己破産をすすめた。自己破産は恥。

そう思い込んでいた和美さんは自己破産をためらったのだが……。

「命までとられてどうしますか。きちんとした制度があるのだから使うべきです」

返済は待ったなし。結局、弁護士の手を借りて自己破産した。

「結婚に反対されたこともあり親兄弟を頼れず、夫にさえ言えず、誰にも相談できない日々は本当につらかった。たった10万円がサラ金の計算では２００万円以上になっており、自分の力ではどうすることもできなかったのです。あのときテレビに出ていた弁護士さんを頼らなければ、娘たちの命も私の命もなかったと思います。無理心中しないでよかった」

そう言って涙を流した。

「子どもの貧困」が叫ばれて久しいが、それは親の貧困だ。和美さんの貧困が２人の子どもに貧困をもたらし、生きづらくしていた。返済していた半年が、数年にも感じられた。

給食費が払えない。同級生と遊園地に出かけようと誘われても、お金がなくて出かけられない。バレエに英語、スイミングに通いたいと言われても通わせられない。習い事などは、かわいそうだがさせられる状況ではなかった。

「子どもたちにも、ずいぶん我慢させました。これからはきちんと栄養のあるものを食べさせて、せめて世間並みの暮らしをさせてやりたい。パートではなく正社員の職を探して、今度こそイチから出直すつもりです」

そう言っていた和美さん。

初めて見た貧困は衝撃的だった。あれから13年――。再びアパートを訪ねてみたが、アパート自体がなくなっていた。そして日本の格差は広がり、人と人がつながれない無縁社会になり、貧困はさらに増大している。

隣人の絶望は、見えないのか?

貧困とは、貧しくて生活に困っていることをいう。

絶対的な貧困とは、生命を維持できる最低限の衣食住が足りていない状態だ。アフリカやアジアの途上国で飢餓に苦しんでいるストリートチルドレンらを思い浮かべたらいい。

それに対し、相対的貧困は、ある国や地域で大多数の人がおくる〝普通の生活〟ができない状態をいう。それは、経済的な困窮だけを意味するものではなく、健康や教育、いじめ、労働、福祉などさまざまな複合的要因から発生する精神的な困窮状態も含まれる。

昨今、書籍やニュースで貧困がひんぱんに報道されている。しかし日本人の多くは、「貧困、貧困というけれど、私のまわりにはいない……」

実際に見なければ貧困は想像できない。まだ他人事だ。

貧困を語るとき、同時に出てくるのが、自己責任論だ。

貧困を抱えるシングルマザーには「無計画で離婚するからだ」。

派遣やフリーターの女性たちには「結婚すれば解決する。選り好みをしているから」。

高齢者には「働ける世代のうちに働いて、蓄えておかなかったから」。

容赦のない言葉が浴びせられる。しかし貧困は、自己責任などではない。非正規雇用の労働問題と、120万〜140万人いるという富裕層。富める者がますます富み、中流家庭は崩れて、貧困層が拡大していく社会構造にこそ原因があるのではないだろうか。

また日本には医療保険、年金、雇用保険とさまざまな社会保障はあるが、社会保障費は削られ、後退している。最後の〝セーフティネット〟と呼ばれる生活保護も、福祉の窓口で保護申請を受理しない〝水際作戦〟によって阻まれて、受給は難しくなっている。受給できても生活扶助は3年連続でカットされ、さらには住宅扶助、冬季加算も減額された。

こうした状況を放っておいたら、日本はどうなっていくのか。

すでに貧困の影響は子どもに表れている。警察庁によると深夜徘徊《はいかい》で補導されたのは43万人。２０１４年中に補導された全国73万人の６割ちかくを占めている。貧困は虐待を生み、居場所がない子どもは増える。

また文部科学省が国公私立の小中高校を対象にした「児童生徒の問題行動等生活指導上の諸問題に関する調査（14年度）」では、中高生の暴力が大きく減ったのに対し、小学生の暴力行為は１万１４６８件で、前年比で５％上昇し過去最高になり、「教員を何度も殴る」など暴力的な事例が報告されている。文科省では、繰り返し暴力を振るう子や感情のコントロールができない子が増え、「貧困などの課題を抱える家庭が増え、小学校入学前に言葉で意思を伝えるなどの家庭教育が十分でないケースが目立つ」と分析している。

本書では、実際に起こった事件を章ごとのカバーストーリーにして問題を提起。専門家たちの考察を加えながら問題の真相に迫っていく形にした。

第１章で、銚子長女殺害事件を追いながら、シングルマザーがおかれている状況について言及した。

第2章では〝赤ちゃんポスト〟として知られる熊本・慈恵病院の「こうのとりのゆりかご」にかける人々の姿と命のバトンについて考えてみた。妊婦相談と特別養子縁組が貧困や虐待への解決法になるのではないか。

第3章では、女性たちが直面している貧困の現状に目を向けた。

第4章では、ここにきてクローズアップされてきた無戸籍者に会い、抱えている問題について聞いてみた。

第5章では、生活保護は受けたくないという高齢者の生活に迫ってみた。

第6章では、貧困の連鎖を断ち切るために、子どもたちの虐待と貧困に迫った。高知で起こった虐待事件をきっかけに、子育て中の母親をどうしたら救えるかを探り、また自分の力では自身の環境を変えられない子どもたちを守っていくにはどうしたらいいのか。その取り組みを紹介しながら、まったなしの子どもの貧困を考えていった。

今問題になっている貧困は、けっして対岸の火事ではない。いつなんどき我が身に降りかかるかは、誰にもわからないのだ。ちょっとしたボタンの掛け違いから、人は貧困に墜ちていく。

離婚、病気、リストラ、介護……。明日からでも、貧困はやってくる。自分も家族もわからない。貧困に陥ったときにどう対処すべきか。事例をみながらともに考えてほしい。

子ども、女性、高齢者。どの世代の貧困も外からは見えない。

誰だって経済的に困窮していることを、好き好んで見せようとはしないからだ。いちばん深刻な貧困は、社会から孤立していく人間関係の貧困である。誰にもつながれない。そんな人たちの姿を追った。

第1章
外からはわからない貧困

千葉・長女殺害事件の県営団地にて

母がなぜ娘を——銚子長女殺害事件の真実

「懲役7年に処す」

２０１５年6月12日、千葉地裁の８０２号法廷——。黒いTシャツに黒いスエットパンツ姿の松谷美花被告（44歳）は裁判長の言葉を聞いて、「うん」と頷くように頭を動かした。傍聴席からは、彼女の表情は読み取れないが、特段取り乱したようにも思えなかった。

裁判長からの判決理由が続く。

「頸部をハチマキで二重巻きにし、窒息死させたと証拠により認定。13歳、中学2年生で充実していたのに、何も知らされないままに死んでいったのは誠に不憫《ふびん》。将来ある娘の命を奪ったのだが、直接的な動機は必ずしも明らかでもない。身近に頼る人もおらず、長年にわたり生活は困窮していた。そして建物引渡しの強制退去により、住む場所を失うことで精神的に追い込まれ、突発的に犯行に及んだ。原因のすべてが被告人自身にあったということもできず、強く非難できない事情も認められる。しかし大きく減じることもできない。刑の執行猶予とは言い難い」

こう述べた後で、松谷被告に問うた。

「わかりましたか」

大きな声ではないが、はっきりと「はい」と返した。

44歳。胸まで伸びた黒髪の母親は、年齢よりも幼く見えた。中学生になるまで娘を育てあげた母親としての風格や自信が感じられないとでも言おうか。ホワーッとしていて、頭に浮かんだのは〝幼い〟という一語だった。

事件は2014年9月24日、千葉県銚子市の県営住宅で起こった。2年にわたって家賃を滞納し、強制退去の日の朝、長女の可純《かすみ》さん（当時13歳）の首を、4日前に行われた運動会で使用した学校貸与の赤色のハチマキで絞めて殺害した。

なぜ主婦が、ヤミ金にまで手を出したか

検察側、弁護人側双方の冒頭陳述によって事件の全貌が見えてきた。

松谷美花被告は、給食センターの調理パートとして働き、娘と2人暮らしだった。00年7月に結婚して同年12月に可純さんを出産。02年に夫の借金が原因で離婚。07年に事件が起きた銚子市の県営住宅に入居している。

ところが12年頃から2人の生活はかなり苦しくなり、元夫やママ友を頼って生活。ヤミ金にも手を出し、猛烈な取り立てに苦しめられた。

1ヵ月1万2900円（09年4月からは1万2800円）の滞納は2年分におよぶ。松谷被告の時給は850円。午前8時から午後3時まで隣町の給食センターで働いた。土日祝日、学校の春夏冬休みは仕事も休みだった。

収入はそのほかに、児童手当が年3回、1回4万円。児童扶養手当は年3回。1回16万円を07年から受給していた。就学援助として、12年から14年まで合計22万円が支払われている。

元夫からの養育費も含めると平均月額14万4280円程度の収入はあったというが、長期の休みの翌月にはパート収入がなく、7万円程度で生活していたとみられる。

滞納が続き、13年7月、県営住宅の明け渡しを求める訴訟が提起される。同11月には、明け渡しを認める判決が言い渡された。

14年8月、明け渡しを求める公示書が届くが、松谷被告は誰にも相談しなかった。何の手段も講じなかったのである。そして、9月24日、殺人事件が起きたのである。

頸部圧迫による窒息死。松谷被告は、

「自分が死んで娘は国に育ててもらおう」

当初、こう思っていたという。実際に9月に入ってからは「自殺サイト」を検索するようになっていく。ところが、当日、運悪く可純さんは学校を欠席するつもりで部屋にいた。そこで、自殺から無理心中に計画を切り替えたが、自らが死ぬ前に発見され、無理心中はかなわなかったと考えられた。

13歳で人生を母の手で終えた可純さん。彼女の命は、本当は救えた命ではなかったのか。

目立った特徴のない町

千葉県銚子市。東京駅から100km、関東平野の最東端に位置するこの町は、日本でも屈指の漁港だ。ＪＲ総武本線の銚子駅から続く道を東にまっすぐ降りると太平洋に突き当たる。平日の午後2時だからか。人影はまばらで、土産物屋、魚屋が軒を連ねているが、シャッター店も多く、町全体がどんよりしていた。

「土日になれば観光客も来るけれど、昔のようなにぎわいはなくなった」

年老いた商店主は寂しそうに呟く。

観光と漁業で潤ったものの、現在の人口減少率は、県内で3位。かつて県東部一の商都だった銚子にも、少子高齢化と産業の空洞化の波は、稀《まれ》に見る早さで押し寄せているようだった。事件当日の夕方、現・千葉県銚子市議会議員の田中努（46歳）は、勤務先の商工会から帰宅した。県営団地の自宅前に進もうとすると、パトカーが何台も押し寄せていて、団地の前には非常線が張られていた。

「何かあったのか――」

急いで4階の自宅に戻って、妻から事の顚末《てんまつ》を聞いてびっくりした。同じ棟の1階と4階。挨拶程度しかしなかったが、母娘で仲良さそうに歩いていたことを思い出した。

棟では、月に1回、全体で掃除を行うのだが、そこに毎回松谷被告は出席していたような記憶が田中にはある。目立った印象はなかったが、どこにでもいる普通の母親ではなかったか。まさか娘を殺すなんて、田中には想像できなかった。

豊郷台団地の最寄りの駅は、JR成田線の下総豊里駅である。銚子の西の外れのベッドタウンとして開発された。県営団地と一戸建ての住宅が並んでいるが、少し行けば、田畑が広がっている。

県営団地は1987年に建設され築28年。6畳2間に4畳半1間。これに食堂兼台所が一般的な間取りだ。

「夏祭りとかいったイベントは特にありません。小中高の子どもがいるファミリー層が多いですね。もちろん高齢者の世帯もありますが、大半はサラリーマンで近郊の町に働きに出ています。

ここは目立った特徴もない地域です。田舎ですし、車がなければ移動手段はない。松谷さんのところは、就学援助を受けていたといいますが、地元の民生委員もその困窮状態が把握できなかったようです。情報がなかった中で起こった事件だと思います」と田中は言う。団地の住民にも母娘のことを聞いたが「付き合いは一切なかったので、わかりません」と口を閉ざした。

この地区に唯一あるコンビニ店には、いつも楽しそうに話をしながら母娘がよく買い物に来ていたという。

「仲良し親子という感じ。どこにでもいるごく普通の人でした。事件の前の日にも、2人でやって来ましたよ。お嬢ちゃんは何かコピーをしていたのかな。お母さんは買い物していました」

殺害した直後、被告は発泡酒を何本か購入している様子を目撃されているが、この店だったのか確認はとれていない。

ジャニーズファンクラブに入る女子中学生

可純さんの中1、2年生の担任で、所属していたバレーボール部の顧問は、裁判で検察側の証人として出廷した。

可純さんは、クラスでは明るく元気。何事にも前向きで、学習にも真剣にとりくんでいたという。1年生のときはセンタープレイヤー。通っていた中学校は県大会で優勝経験があり、強豪校だった。1年時には、地区大会を勝ち抜いて県大会にも出場している。2年生からは、セッターを練習しており、可純さんが最高学年になったら、部長か副部長にしたいと考えていたという。

「物事をはっきり話せるタイプでした」

運動が好きで、みんなのリーダー的な存在だった可純さん。だが、一方で体調不良を理由に休むことも多かった。交友関係でうまくいかずに体調を崩すこともたびたびあった。ただ深刻ないじめなのではなく、思春期の女子にありがちな、ちょっとしたいざこざ程度だったという。

「可純さん親子が生活に困っているとはまったく感じなかった。就学援助を受けていたことは知っていた。ときどき集金が遅れることもあったが、そういう家庭はたくさんある。可純さんの持ち物、遊んでいる様子から見て、困っていないのかなと思っていました」

小学校時代から携帯電話を持ち、中学生でスマートフォンに買い替えている。そしてジャニーズのＨｅｙ！ Ｓａｙ！ ＪＵＭＰ、ＳｅｘｙＺｏｎｅのファンクラブに入会していた。ファンクラブには入会金１０００円と年会費４０００円がかかるが、コンサートチケットが優先的に購入できるとあって、大半のファンが加入している。可純さんはコンサートの抽選にも8回当選、合計12万円余を支払っていたという。

また部活をしていると費用もかかる。1年時には、シューズ代6000円、サポーター代とTシャツ代で1万円、ユニフォーム代1万円、ウインドブレーカー代が1万円。練習試合の交通費などはトータルで6、7万円かかる。それもすべて支払っていた。

他の子が持っていて、彼女だけが持っていないものもなかった。被告も行事には参加し、試合先まで車で迎えに来ることもあった。

「困っているようで、困っていないようで、私自身家庭に入っていきたいけれど、入っていけなかった。母親の次に可純さんと一緒にいた大人は私です。家庭状況のことも母親のこともわからず後悔しています」

担任教諭は涙声になっていた。

運動会の4日後、事件は起きた

第一発見者は、強制執行の補助業者のSさん。もともと運送業の彼は、荷物の運搬、梱包を請け負っている。任意の明け渡しをする催告書を渡す際にも、執行官と同行して、家財がどれくらいあるかを確認し、見積もりをとる。また債権者の了解を得て、債務者に連絡をとり、任意に退去できるように働きかけをすることもあるという。

Sさんは検察側の証人として法廷に立った。発見時の状況は以下のとおり。

午前11時から執行だったので、30分前に団地到着。千葉地裁八日市場支部の執行官が到着するのを待っていたところ、コンビニの袋を持った女性が現場の部屋に入るのを見た。とにかく何か話が聞ければ手伝ってあげられるのではないかと思い、後を追ったが、ドアを閉められた。ノック、チャイムをしたが応答はなかった。

午前11時に執行開始。執行官がドアをノックしたが応答がなかったため、ドアチェーンがかかっていたのを切って家の中に入った。強制執行の現場に何度も立ち会っているSさんが先頭に立った。

「テレビがついていたのが見えたので、台所に向かうと、被告がテレビの前でビール（か発泡酒の缶）を持って座っていた。一歩横に踏み出すと、横にうつ伏せになっている被害者を見つけ、たぶん亡くなっているだろうと思った」

被告はテレビの画面を指差して、

「これうちの子なの」

「頭に巻いているハチマキで首を絞めちゃった」

Sさんは驚きながらも「なんでそんなことをしたの？」と聞く。

すると「生活が苦しい」「お金がない」「市の役人からもお金を借りた」と矢継ぎ早に答えた。松谷被告は被害者の頭を撫でたり、毛布をかけたりしていた。

「このＤＶＤ（体育祭で活躍する可純さんの映像）が終わったら、あとを追って（私も）死ぬんだ」

すでにＳは、死ぬかもしれないと思って被告の手を握っていたが、この言葉を聞いて更に手を強く握った。

「いつ首を絞めたの？」

「午前９時頃」

執行官が通報し、警察と救急隊が駆けつけた。慌てた感じで娘を触り、娘と離れたくないそぶりが感じられた。

「触らないで！」

少しの間、警官と被告は押し問答していたが、あきらめたのか、やがて静かになった。蘇生行動に対する拒否というよりは、娘にかかっていた毛布を剝がそうとすることに対する拒否だったと思われる。抵抗した際には警官とＳさんで引きずるように台所に連れて行くと、被告は「何するの！」「離れたくない!!」と叫んでいた。

Ｓさんは債務者から連絡がありさえすれば、話を聞いたり、市役所に行ったり、転居先を一緒に探したり、荷物を運んだりサポートができたのに、と思ったという。

これまでの強制執行の際には、催告から行って、全体の2、3割のケースで相談サポートしてきた経験があった。最悪の事態、追い詰められて命をなくす。そういう事態を避けたいというSさん独自の理由だった。

しかし、今回の件は、催告は別の業者が行っており、債権者である県からは「母子家庭で連絡がとれない」とだけ言われて引き継いでいた。

それでもSさんは、1週間前に被告宅を訪問し、チャイム、ノックしたが応答はなかった。そこで「強制執行のことで話を聞きたい、連絡ください」といった内容の置き手紙をして帰った。が、被告からの連絡はなかったという。

「これからの教訓として、もっと真剣に仕事にとりくみたい。同じ歳の子を持つ親として、憤りは感じる。きちんと償ってもらいたい」

連絡さえくれれば、何かできたかもしれない。福祉課やNPOにつなげ、生活保護の申請もできたのではないか。つなげなかったことを後悔している。

LINEでママ友に借金する

松谷被告は、北海道札幌市で次女として生まれ、小学校、中学校、高校を地元で過ごした。その後、生命保険会社で働いているときに、長距離トラックの運転手である元夫と知り合い、結婚。ひとり娘をもうけた。

ところが夫には、消費者金融からの借金があった。さらに夫は被告に断りなく、両親や兄弟が暮らしていた被告の石狩の実家を担保に入れて被告名義で金を借り、それが原因で離婚に発展。被告は実家の親きょうだいと、それ以来、疎遠になっていく。

その後も元夫が借金を返さなかったことで、可純さんを北海道の実家に預け、広島の実家に帰った元夫を訪ねて返済の催促をしていた。九州にいたときには九州まで行っている。元夫の仕事先が銚子に決まりかけたことで、3人で移住した。母子家庭のほうが抽選に通りやすいということで、被告を名義人にして契約。元夫は連帯保証人に名を連ね、被告は隣町の給食センターにパートの職を得た。

元夫婦はつかず離れずの関係を続け、銚子の県営住宅にも、元夫はたびたび帰っていたが、被告が酒を飲むとからむので、しだいに帰らなくなっていった。

家賃が払えなくなったきっかけは、09年の冬休み明けの1、2月に元夫から養育費が一銭も支払われなかったことだった。当初は家賃の集金人が来ていたので児童扶養手当など、お金が入ったときにまとめて払うことにしていたが、だんだん滞納が常態化していった。

さらに生活が本格的に苦しくなったのは12年、可純さんが中学に上がる頃。制服代などでまとまったお金が必要になった。どこかでお金を貸してもらうしかなく、社会福祉協議会から借りている。

被告のスマートフォンを解析した結果、200件の通話履歴、1000件強のメール、900件超のLINEのやりとりがあった。元夫に対してはたびたび養育費を督促。3万円程度、他にも家計が厳しくなると催促していた。しかし前述の通り、元夫が払えないときも多くあった。また、ママ友にも絵文字つきで、3000～1万5000円程度を「貸してほしい～」とお願いしていた。これは、そのつど返済していたという。

しかし、それでも足りなかったので、ヤミ金融に手を出した。ヤミ金融の取り立ては厳しく、脅かされ怒鳴られて返済を迫られ、週ごとに1万円返済が延々続いた。

そして「口座を作れ」の言葉に促されて、実名で口座を作り、通帳詐欺にも手を染めた。これはヤミ金業者が被害者からお金を振り込ませるためのもの。自分の通帳では簡単にお金の出入りがわかってしまうため、第三者の通帳や口座を使って痕跡をわかりづらくするために使われる方法だ。可純さんの殺人とともに被告は詐欺罪でも起訴されていた。

「怖かったヤミ金融への返済を優先してしまい、家賃の滞納になった」

そう被告は語っている。

口座残高は1963円だった

生活保護の相談は、過去2度している。08年頃、生活保護申請に行くと、市の職員からは「仕事をしているので、申請しても下りないよ」と言われた。

2回目はヤミ金の返済に追われているとき。そして、13年4月。被告は、銚子市保険年金課に国民健康保険の再発行の相談に訪れた際、保険年金課の職員から、生活保護の申請をすすめられる。社会福祉課に行き「生活保護がどのようなものか教えてください」と聞いた。職員は事情を聴取し、パンフレットを見せ「もし本格的に受けたければ、所得のわかる給与明細を持ってきてください」と言ったという。被告は、何かあればまた来ます、と帰ったが、結局その後一度も行かず、申請もしなかった。

そして明け渡しの日——。

「強制的に退去させるとの書類を貼り出してあり、もう、だめだ。この家にも住めなくなる。気力と体力がなくなり金も家もなく、自分は死ぬしかない。強制執行のギリギリまで長女といたいと思った。大事な長女だから一緒に死ぬなんて考えていなかった。なぜ殺したかは覚えていない」

「相談できる相手がいたらよかった。いろいろな人から長女を奪い、本当に申し訳ない。

何ができるか一生かけて考えていきたい」

最終意見陳述で、被告は手紙の書面を朗読した。

「長女を誰よりも愛し、大切に育ててきたのに、どうしてこんなことをしたのかわからない。多くの人につらい思いをさせ、私が今できることは謝ることだけ。こんなママでごめんなさい。これからもずっと大好きだよ」

逮捕されたときの所持金は2717円。口座の残高は1963円。最終滞納額は、13年6月以前の滞納分8ヵ月分10万2400円に加え、14年8月までの14ヵ月分28万1600円。強制執行の明け渡しの損害金を加え、合計約148万円におよんだ。

148万円が命の重さと比べて、安いか高いかは置かれている状況によって人それぞれだ。しかし、誰か頼る人がいれば、148万円は何とかなったのではないか。可純さんも元気に学校でバレーボールを続けていたのではないか。

「買っちゃえ買っちゃえ、今しかないんだから」

裁判の中で、被告の状況が捜査報告書によって明らかになった。

おもに支出に関する報告で、それを聞いていて、いくつか疑問に思ったことがあった。

第一に、被告はなぜ給食センターのパート職を選び、この仕事に固執したのかという点だ。年収で比較するなら、もっといい仕事があったはずである。ダブル、トリプルワークは当たり前のシングルマザーが多いが、なぜ新しい仕事を選ばなかったのか。

時給850円で6時間勤務。前述した通り、長期の休みになると実働していないので収入はなくなる。しかしその間、「他の仕事にはつけないと言われた」と供述した。

働いていた東庄町給食センターは、町内の小中学校6校の給食を提供している。本来なら18人程度のパートが適正だというが、現在は14人。出入りが激しい職場で、ハローワークを通じて恒常的に募集をかけている状態が続いているという。

給食センターを管理する東庄町教育委員会に、副業について聞いた。教育課によると、「給食センターのパート従業員は、非常勤の職員で、地方公務員法に基づいて、副業、アルバイトを禁止しています」

したがって他の仕事に就くのは厳禁だ。

パート職員の時給は830〜880円で、経験に応じて決定しているという。7年勤務していた被告は、経験からいうと中間の部類で時給は少し高めだった。ちなみに14年の千葉県の最低賃金は、798円。しかし、最低賃金よりも高いとはいえ、年間2ヵ月以上もの無収入の期間があると、シングルマザーの家庭にとって相当の危機である。貯蓄もない中で、生活費をどう工面《くめん》するのか。

第二点は、支出の優先順位の付け方である。前述のアイドルグループのコンサートチケット購入もかなりの高額だ。そのうえコンサートに行って、「CDやTシャツを買いたい」と可純さんから連絡が入ると、「買っちゃえ買っちゃえ、今しかないんだから」とメールで返信している。実際1万円以上ものお金を、可純さんはグッズ購入に充てていた。

また12年には中学1年用の参考書と資料1冊、34万8000円をクレジットで購入。支払い総額は42万円以上にもおよぶ。

また11年には液晶テレビやブルーレイプレイヤー、エアコンを通販で購入。被告は、「地デジに移行するので購入した」と証言しているが、総額は22万円余になる。

検察側もここをかなり厳しく突いた。「身の丈に合わない浪費」だと。

すれすれのところを歩いている人たち

しかし、世の中にはお金の優先順位をつけられない人はたくさんいる。これまでの取材で出会った女性たちの中にも、会社でのノルマがあり、身銭を切って達成し貧困に陥っているケース。また大好きな洋服やエステを受けたいとカードを切る。付き合いのために収入以上の金額をカードで支払い、返済不能になって、また違うカードを作っているケースも見てきた。すれすれのところを歩いている人たちが現実にいるのだ。

被告のことを誰も責められない。私は彼女が最後まで母親であろうとした結果なのではないかと思っている。

可純さんを「ねこっかわいがり」していた（祖母が供述）被告は、ひとり娘が貧困が原因で仲間外れにあったり、「どうせ私なんか……」と自己否定しないように、スマートフォンを持たせ、アイドルのコンサートにも行かせ、グッズを大量に買わせる。時にはクレジットカードを使って大金をぽんと支払う。それを身の丈に合っていないと検察は非難したが、こういう心理は母親なら誰でも少しは持っているのではないだろうか。母親であろうとするあまり、娘に物を与えて自己肯定感を持たせたが、行き過ぎてしまった。

裁判で、3、4年音信不通になっていた被告の母親からの供述書が読み上げられた。

「元夫による『被告の金遣いが荒いからこうなった』という供述があるが、違う。被告はお金をねだることもなく、無駄遣いをする人間ではなかった。夫の借金で終始問題を抱えていたのだ」

こう証言するなら、なぜもう少し早く、被告のサポートを身内の誰かができなかったのか。家族からも世間からも背を向けられ、行き場がなくて起こした事件だったのだと思う。

仲良し親子は〝共依存の母子関係〟にあった

本件の主任弁護士である、法テラス千葉法律事務所所属、野原郭利《ひろとし》が、松谷被告に初めて会ったのは、事件から3日経った9月27日。すでに落ち着き、パニックの状態ではなかったが、可純さんの話になると、涙ぐんでいたという。

「あの母娘は、よくも悪くも、本当に2人の世界で完結している親子なのです。そして、母、娘ともに、周囲に溶け込めない。うまく人間関係が築けないという問題を抱えていたのだと思います。被告は、ママ友との交流はあったけれど、踏み込んだ相談ができるほどの人間関係はなく、北海道の実家とも不和があった。元夫と連絡はとってはいたが、金を無心するだけの関係でしかない。それもしだいに無視されていった。

一方、娘もまた学校を休みがちで、軽いいじめのような、無視されたといったようなことがあった。友達との関係もいいときばかりではなかったようです」

親子関係の殺人事件は、無理心中や介護を苦にした殺人など、数は少なくないという。子どもに疾患や障がいがあったり、パーソナリティーに問題があるなどの場合に、起こりうる。

野原が言う。

「しかしこの事件のように、子ども自身に問題はなく、育てることには悩みも不安もないのに、殺してしまうというのはめずらしい」

母親の腕の中で、〝普通の女子中学生〟に育っていたのに、それを殺してしまうとは、一般の人からは想像できない。しかし中学校に入り部活の費用などの捻出を機に、どんどん坂を転がり始めた。

「住むところがなくては、死ぬしかない」

と一面的に捉えて殺害に及んでしまった。

金銭的に逼迫《ひっぱく》していた、生活保護が受けられなかった。殺人の理由は1つに集約できる問題ではない。弁護側は「起訴内容については争わないが、被告人がなぜそう追い込まれていったか経緯に同情すべき点があるとして、情状酌量を訴えた」。

私は、あえて野原に、なぜ行政の不備をもっと訴えなかったのかと聞いた。

「一弁護士としては、生活保護の水際の対応としては問題があると思います。しかし刑事事件は社会運動ではなく、そこを裁判の争点として落とし込むのはどうかと考えました。被告が安定した生活を送れなかったことを、被告だけの問題にしてしまってもいいものだろうか。そういうことを考えてもらうことがすべてでした。あそこに至るまでの経緯の中で、何も考えられない状態に追い詰められてしまった、その事実そのものを見てもらうしかなかった」

野原自身は、公示書を貼られた時点で、誰かに相談して弁護士につなげていれば、自己破産など、打つ手もあったはずだと、残念がる。

すぐに相談できる人もいれば、できない人もいる。その紙一重の部分をどうやって救っていくのか。松谷被告の場合は、相談もできず、頼る人もおらず、人間関係の貧困をどうやって埋めていくべきだったのかと考えてしまった。

社会的な経験が乏しかったり、社会保障などの情報を把握していない、ごく普通の人は、実は簡単に「助けて」とは言えないのである。

家賃の減額制度を利用しなかった

自由法曹団、全国生活と健康を守る会連合会、中央社会保障推進協議会、住まいの貧困に取り組むネットワークの4団体からなる「千葉県銚子市・県営住宅追い出し母子心中事件調査団」(団長・井上英夫金沢大学名誉教授)は、15年1月19日に「県営住宅での強制退去に伴う母子心中事件の対応についての要望書」を千葉県と銚子市に提出した。

その内容は次のとおり。

「県は県営住宅の入居者に対し、家賃の減額があることを十分に周知させること、県は家賃滞納者に対し、入居者の置かれた状況を確認し、家賃の減額制度や他の社会福祉制度が利用できる場合には、その制度を丁寧に滞納者に対して説明すること」

「この説明は手紙や文書だけではなく、民生委員などと協力してできるだけ訪問することにより、対面で説明を行うこと」

「県と市は県営住宅の入居者が生活に困窮していることを認識した場合、互いに情報を伝え、市からも県営住宅の家賃の減額制度の説明をしたり、県からも利用できる社会福祉制度を説明すること」

など、全6項目からなる。

この事件で言われたのは、次のようなことである。

家賃を滞納していたのにもかかわらず県営住宅を管理する県と、児童扶養手当や就学援助を市から受給していたのに、困窮情報を県と市が共有できずに、未来ある中学生を殺してしまった。県と市が情報を共有していれば、何らかの手段で救済が入り、可純さんの命は奪われなかったのではないか。

被告の収入は月に平均で約11～14万円程度。仮に14万円の収入だった場合、これを千葉県にきちんと申請すれば、60％減額され、1ヵ月あたりの家賃は5120円となっていたはずだ。まわりから困窮が見えなかった母子には何があったのか。

システム化された〝ひどい対応〟

55人の大調査団の1人、弁護士の林治は、被告が銚子市の福祉課にやって来たときの「面接記録票」を見て愕然とした。生活保護の制度について説明を受けに来たのに、勤労収入、仕送り収入、保険金などの収入状況、家屋の家賃、生命保険の加入状況、自動車の保有、貴金属など資産の保有状況など、生活保護を申請し受給するときの基本データの重要部分の大半が「未聴取」なのだ。

「調査団では、千葉県と銚子市、双方に聞き取り調査をしました。被告は生活保護申請をするつもりで福祉課を訪れているのに、母子が置かれている状況についてまともに聞いていない。対応した担当者は〝ひどいですね〟とまるで他人事。窮迫性があって窓口まで来たという意識に欠けていました」

また千葉県は家賃を4ヵ月滞納して、聴取員が行くというシステムだったが、それではあまりに遅いと林は指摘する。しかも1ヵ月滞納したら振込み用紙が送られるが、このときに、減免制度があるというチラシも一緒に送付すべきで、4か月溜まってからでは、普通なら高額になりすぎて一回では払えない。この聴取員は減免制度があることを伝えていなかった。

「聴取員は委託で専門知識を持っていないから〝困ったことがあったら電話してください〟と伝えるだけにとどまっている。家賃を滞納する人は負い目があるから、電話してくださいと言われても、大家さんに〝家賃を払ってください〟と言われそうでできないものなのです」

亡くなった可純さんは、「就学援助」を受けていた。

就学援助とは、給食費や学用品代などの支払いが困難な家庭に対する助成制度だが、この助成の事実は、地区の民生委員には知らされている。では民生委員はこれを知っていたのだろうか。今となっては民生委員を糾弾しても仕方ないが、実は多くの場所に不備があって、その不備が重なって今回の事件が起こったのである。

「助けて」が言えない個人と踏み込めない行政

それでは千葉県は、他県に比べて福祉に比重をおいていない県だったのか。

林に聞いた。

「特別、福祉費が突出もしていなければ、優しくない県とも言い難い。どこの県も同じような状況です。千葉県の減免対象世帯数というのが収入だけで見て1万1616世帯あるのに、減免実施世帯が1960世帯。銚子に限っていうと、県営住宅に入っている人の減免対象世帯は64件あり、そのうちの実施世帯は1件でした。これは福祉にあまり熱心でないということを表す数字だと思います」

減免制度に対してあまり熱心ではない県で、縦割り行政の谷間で失われた命。そして母親の社会的な孤立の中で起こった。経済的な弱者は、情報弱者でもあるのだろうか。

「なかなか自分の中で、どう処理していいかわからないという人も多い。われわれから見ると、どうしてそんなことするのか、そんなことしなくていいのに、と思うような対処をしてしまう人が多いのは事実です。今までの生い立ちとか、社会経験の未熟さなどから、想像もしない行動に出てしまうものなのです」

水際作戦をして申請するのを阻む役所の職員は、公務員で、地方ではある意味エリートだ。そういう人たちが困窮している人の気持ちに立って物事を判断できるのか。相手のおかれている環境を想像して対処すべきではなかったかと思ってしまう。

松谷被告は、千葉地裁での判決を受けて、7年の量刑を不服として控訴。裁判は東京高裁に引き継がれた。

趙誠峰《ちょうせいほう》弁護士は、「殺害の動機は心中。刑は重すぎる」と主張した。また、「なぜ殺したのかわからない」と言う被告の精神鑑定を実施すべきだったとしたが、栃木力《ちから》裁判長は「必要ない」と退け、控訴を棄却。懲役7年とした一審の判決を支持した。

「一日も早く遺骨を抱きたい。それが最大の供養になる」という被告の願いはかなわなかった。

銚子の長女殺害事件の可純さんは、貧困の状況でも救えた命ではなかったのか。その背景には、孤立してしまったシングルマザーの自己責任vs行政の不備。どうして互いに一歩踏み込めなかったのか。残念でならない。

シングルマザーが抱える貧困

銚子で起こった長女殺害事件について語るとき、やはりそこにある母子家庭の現状について触れておかなければいけない。

厚生労働省が15年に発表した「ひとり親家庭等の現状について」によれば、11年度のひとり親家庭の85％を占める母子家庭は123万8000世帯。25年間で1・5倍に増えた。父子家庭は、22万3000世帯。こちらも1・3倍になった。

児童（18歳未満の未婚者）のいる母子家庭は82・1万世帯で、ひとり親になった理由は、離婚が80・8％。死別が7・5％。未婚による出産が7・8％となっている。

母子世帯の就業率は、80・6％。この数字は世界的にみてもトップレベルである。うち43％が正規雇用で、非正規は57％となっている。しかし、その平均年間就労収入は、正規で270万円、非正規で125万円。平均すると181万円。ひとり親家庭の相対的貧困率は54・6％（12年度）で、半数以上の家庭が貧困に直面している。

相対的貧困率とは、年収が全人口の年収の中央値の半分を下回っている世帯の割合を示したもの。

11年の厚労省の「国民生活基礎調査」で、ひとり親家庭の相対的貧困率を発表。6人に1人の子どもが貧困状態にあるというが、ひとり親家庭の子どもになると、2人に1人が貧困の中で生きている。

低い自己肯定感を持つ女性たち

『しんぐるまざあず・ふぉーらむ』理事長の赤石千衣子は、シングルマザーの当事者団体で活動している。自身もまた非婚で子どもを産み、シングルマザーの道を選んだ1人だ。赤石によれば親族の支援がもっとも重要なセーフティネットであるという。親族支援がない場合、孤立しやすい。

学生時代の友人は、結婚し子どもを産んで暮らしている。あるいは、仕事をバリバリしている人は、自分の人生を自分でデザインして生活を謳歌しているようにみえる。一方で、シングルマザーの自分は、離婚などを経験してひとり親になり、子どもを抱えての生活は厳しい。以前付き合いのあったママ友とは生活時間もライフスタイルも合わなくなる。

「といって、自分と同じシングルマザーの新しいママ友などすぐには見つからない。自己肯定感が低いまま生活していると、それが孤立感につながってしまう。なので私たちはシングルマザーの集まりをつくり、つながりをつくれるようにしている。そして自分の生き方を肯定できるように応援している」（赤石）

シングルマザーを選ぶ人は増えているのに、一方でシングルマザーであることをカミングアウトできない人もいる。半年前にシングルマザーになったある女性はこう語る。

「自分で選んだ道なんですけれど、日本人の感覚では離婚にまだ抵抗がある。実の母親にも〝なぜ離婚するの〟と泣かれました。母から見たら離婚した娘は人間失格みたいなイメージなのでしょうね。周囲からもそう見られるのがいやで、今は言えないけれど、でもいつか〝シングルマザーで頑張ってます〟と笑顔で言えるようになりたい」

貧困はもとより、シングルマザーであることさえ表明できないのだ。

生活保護から抜け出したい

胸まで伸びたストレートヘア、スリムなスタイルがひときわ目立つ知子さん（44歳）と会ったのは、2015年8月の猛暑日の午後、ファミリーレストランでだった。

「息子さん、1人で留守番、大丈夫ですか」

「去年より今年と、毎年に成長していく様子が見られるので、今は安心して家においておけるようになりました。きっと私がいないのをいいことに、ずっとゲームをやってますよ」

そう言って笑った。

父は借金を重ね、母はいつも泣いていた

生まれも育ちも東京。歳の離れた姉兄のいる3人きょうだいの末っ子だが、生まれた家は複雑だった。知子さん自身は「ほとんど放任」で育った。ネグレクトに近い状態だったのではないかという。

父は借金を重ね、毎日のように借金取りがやってくる。管財人がやってきて、家財に赤紙を貼られた記憶がある。

知子さんは「本当は、モード系に進み、アパレル関係の仕事がしたかった」と言うが、高い学費の専門学校には進めなかった。高校進学も都立1本。合格できる無難なところをという周囲のアドバイスで、ランクを下げて商業高校に進んだ。しかし、本来行きたい高校ではない。そのうちに学校が「面白くなくなって……」、2年生で中退している。最終学歴は中卒。

「家は貧乏で人間関係は子どもでは理解できないくらいに複雑で、母親はいつも泣いていた。私は、とにかく一刻も早く家を出て、独立したかった」

昼は洋服関係のショップの販売員。それだけでは、家賃を払って生活をしていけないため、夜は水商売のホステスになった。

世はバブリーな景気に浮かれており、知子さんの昼夜合わせた収入は月に60万円ほどになっていた。22歳で建設系の会社社長と結婚、23歳で息子を出産する。ところが夫が脱税をしたことが判明、何とか追徴金を払ったが、それ以来、家計はうまく回らず、夫婦仲も悪化していった。

「子どもがいるんだから、今までのような生活ではなく身の丈に合った生活をしなきゃ」と知子さんは主張するものの、夫の生活態度は変わらず、たまりかねて離婚となった。

収入ゼロの専業主婦の母と会社社長の父。離婚協議は難航したが、結局は「生活能力がある」とみなされ、子どもの親権は父親に移った。

「慰謝料も、財産分与も何もなく、体ひとつで放り出されました。親権は元夫に移ったものの、とにかく息子に会いたくて。引っ越していった北海道まで、お金を貯めては、よく会いに行きました。

それでも元夫が再婚したら、という考えがいつも頭を離れず、息子が再婚相手の女性に好かれるように、私に未練を残さないように、陰から見守るだけでした――」

ホステスになり、ドロ沼の不倫へ

やがて知子さんは、生活のためにホステスに戻り、ある大手企業に勤める男性と恋に落ちた。しかし、彼には妻がいた。すでに結婚生活は破たんしていたが、離婚調停は難航しており結婚はできなかった。

「なぜ、離婚できないの？」

「もう少し待ってほしい……」

そして妊娠。頭をよぎったのは、親権を得られずに手放した長男のことだった。

「どうしても子どもが欲しかったのです。今度は自分で育てたい。夫がいなくて未婚でも、1人で産む決意をしました」

父親になった内縁の夫は、生まれてきた息子を溺愛した。一家3人は一緒に住み、生活費など一切の面倒を見てくれた。

しかしその頃から、知子さん自身の精神が不安定になっていく。慣れない東北での子育て。内縁の夫の離婚は相変わらず成立しないことへの苛立ち。そして追い詰められてリストカットに及んだ。

「見てください」

知子さんは左手に残るリストカットの痕を見せてくれた。手首には数珠が巻かれていたため、凝視しなければわからないが、深い傷が1本、その周辺に数本の痕がある。

「この深い傷は腱まで達し、実は今でも左手は思うようには動きません。何が原因だったのかわかりませんが、とにかく置かれている環境に絶望して何度も切りつけてしまいました」

もうこれ以上は一緒に暮らせないと、知子さんは7ヵ月の息子を連れて、あんなに嫌がっていた東京の実家に戻るつもりで家を出た。

実家の近くにマンションを借り、親子2人だけの毎日。ストレスから逃れて、順調に東京での生活がスタートできると思っていた。2度目の独身時代からの預貯金は1000万円以上あり、息子を保育所に預けて働けば、何とかなるはずだった。

リストカットをする母と、それを止める幼い息子

ところが、目算は外れた。保育所は待機児童でいっぱいで入所できない。厳しい現実に直面する。シングルマザーが優先入所できると期待していたが、入所は実現しなかった。

さらに追い打ちをかける出来事が襲った。東京に戻ってほっとしたのか、1人で子どもを抱えて生きていかなければならないストレスが影響したのか、病気を発症する。

双極性障害。この病は、かつて「躁うつ病」と呼ばれたもので、躁からうつに転じるときに、自己破壊的な自殺を企てることが多い。

東北の小さな町にいたときに、すでにかかっていたのかもしれない。リストカットを繰り返すのはすでに尋常ではないところまできていたからだ。初めて診察を受け、初めて聞く病名に愕然とした。

躁からうつに変わる夜になると、無性にマンションのベランダから飛び降りたくなった。それを3歳の息子が察知する。

「ママ、ダメ」

慌ててベランダに立つ母親を全力で部屋の中に入れたこともあった。度重なる自殺願望。実家の親にもきょうだいにも言えなかった。

しかし、とうとう我慢できなかった。マンションから飛び降りてしまったのだ。宙を舞った知子さんは、隣家の瓦屋根に――。

それを見た息子は、110番も119番も知らないため、近所の消防署に走った。

「ママが飛び降りた。早く来て」と告げたのだという。

「ベッドの上で気がついて、息子が消防署に連絡してくれたことを知りました。母親が飛び降りるところを見た3歳の息子の心に傷が残らなければいいのだけれど。そのとき思ったのは、この子は私が死んだら独りになってしまう。生きていて本当によかった、息子に感謝しました」

それからは本格的に治療を開始した。

ところが1年、2年と病気は長引いた。働けないので、どんどん貯金は減っていき、ついにお金が底をつく。自分たちの生活だけで精いっぱいで経済的な余裕がない実家やきょうだいは頼れなかった。

生活保護を受けるのは嫌だったが、決意して、区役所に生活保護申請に行った。知子さんの生活は、それだけ切羽詰まった状態だったのだ。

「行政は生活保護を申請しても、なかなか受け付けてはくれない」と聞いていたので受給できるか不安だったというが、拍子抜けするくらいに、いとも簡単に認可が下りた。

特別措置で保育所にも入所できた。保育所に送り迎えに行き通院する。これだけで知子さんは精いっぱい。調子の悪いときは、朝起きられないので、息子は1人で起きて食事をとることもあった。

生活保護でも綱渡りのような毎日

あれから5年。今でも生活保護を受給し続けている。

生活保護費の総額は、月に16万8000円。児童扶養手当を含めると、月21万円ほどになる。ここから1DK6万4000円の家賃を払う。優先するのは、家賃と息子の給食費や教材費などを含めた学校への納入金。月に7000円を振り込むのだが、それが振り込めなくて学校側に延納を申し出たこともある。

そのほか、食費、水道・光熱費などを払うと毎月ぎりぎりの生活だ。

「食べ盛りですから、食費はかかります。3食家で食べる休みの期間は特に厳しい。少しでも安くあげようとスーパーに行き、そこでポイントを貯める。生協の割安な宅配食材を利用するなど工夫が必要です。

私はともかく息子だけは栄養バランスを考えてお腹いっぱい食べさせてあげたい。おかずがなくなりそうになると『ママの分がなくなっちゃうね』と心配しますが、お腹すいてないと嘘をついて、隠れてお茶漬けやカップラーメンを食べるときもあります」

子どもが負い目を感じるのは嫌だと、ほしがるゲームなどは、なるべく買ってあげるようにしている。もちろん我慢をすることは教えるが、自分だけ持っていなくてクラスメートの会話に加われないようなことは避けたい。

洋服は成長期とあって、すぐに小さくなる。高価なものは買えないが、それなりのものを次々と買っている。

「自分の服はバザーや古着で探します。ここ何年も新調していませんが、あるものでおしゃれを楽しむようにして、まずは息子優先です」

余裕がないので、塾には通わせていないが、学校での成績はトップレベルで「塾にも通っていないのに素晴らしい」と担任の教師から褒められる。そして何より明るく伸び伸びとした子に育っていることが、知子さんの自慢だ。

毎月生活保護費でぎりぎりの生活では、将来への不安も。ある日、知子さんは、息子に尋ねた。

「このままだと狭い家で、自分の部屋も持たせてあげられない。いい学校にも通えないかもしれない。もう少し、余裕のある暮らしをするために再婚でもしようかな。ママのためじゃない、あなたのために、再婚してもいいかなと思っているんだけど」

不自由はさせていないつもりだが、高校や大学進学を考えると綱渡りのような毎日が心配になったのである。

「貧乏で好きな道に進めなかった私と同じ目を、息子にも遭わせてしまうのではないか」

それがいちばん怖いと知子さんは言う。

すると息子は言った。

「僕は一生懸命勉強して、塾に行かなくたって、一発で都立高校に受かるようにする。大学も自分で何とかする。働きながらでも何とかする。再婚するなら、僕がもっと大人になってからにしてくれ。どんなに苦労してもいいから、再婚しないで。狭くてもママと2人だけがいい」

それを聞いて知子さんは涙が出た。

ママ友にも知子さんは、シングルマザーであることを隠さずに話している。地元で保育所、小学校、中学校と、みな同じ公立校に通うことを考えると、むしろ早いうちから「シングルマザーなの」と公にしたほうが、気が楽だった。

離婚だって未婚だって、自分の意思でしたこと。ましてや死別なら、不可抗力なので、堂々としていればいい。

ママ友には言えない「生活保護」

自信を持って、子どもに愛情を持って育てれば、息子はきちんと育つ。父親のいない不自由さは、母親の愛情で補えると思うと、考えている。

「でも生活保護を受給しているのを知られるのは、怖いのです。言ってしまったら、私や息子のイメージが変わるから。ママ友から子どもたちへ、どう伝わるかわからない。息子に肩身の狭い思いをさせるのだけは避けたい」

あそこの家はシングルマザーなのに、母親は何も仕事をしていない。万が一、ママ友から、『どうやって生活しているの?』と尋ねられたら答えを用意してある。

「息子のパパが全部面倒を見てくれているから大丈夫なの」

実際は息子の父親からは養育費は一切もらっていないが、こういうときだけは父親の存在を強調する。

これまで何度か、父親と息子の面会交流はあった。3人でひと時を過ごし、「次回はスノボに」と誘ってくれた。しかし、その時が来ると「息子だけならいいけれど、ママはダメ」と拒否された。

それを聞いた息子は怒った。

「ママと一緒じゃなきゃいやだ。パパは嘘をついてオレを裏切った」

その後は父との関係を一切拒否するようになった。以前は「パパ」と呼んでいたが、今では「あの人」。息子の中に父の姿はない。

息子と知子さんの合言葉は〝隠しっこなしよ〟。お互いに隠し事はしないと取り決めている。母親に隠すようなものなら、見てはいけない。隠すようなことなら、してはいけない。今のところは、息子は約束をきちんと守ってくれる。

かつて自分をネグレクト状態においた両親は、年金暮らしになった。娘より孫がかわいいのか、何くれとなく手伝ってくれ、知子さんの姉の20代の息子が、良き相談相手になり息子と遊んでくれる。昔の確執を忘れたわけではないが、病気を抱えて生きる知子さんは周囲に守られて日々を送っていることを実感している。

しかし不安はたくさんある。息子はこれからは思春期を迎える。女手ひとつで、大きな転換期を乗り切っていけるのか。父親代わりが自分に務まるのかどうかは、やはり心配の種だ。

そして金銭面でも中学に入学すれば、制服代や部活代、修学旅行の費用――。就学援助があるとはいえ、どれくらい負担するのか。払えるのかと今から頭を悩ませている。

さらに心配なのは知子さん自身の体調。ここ1、2年で病気はだいぶ落ち着いているというが、2週間に1度の通院、ときどき襲ってくるパニック障害。それを抑える薬が手放せない状態だ。

「一刻も早く仕事に就いて、生活保護から抜け出したい。しかし主治医からは『このままなし崩し的に仕事を始めると、また大変なことになるから』と、ドクターストップがかかっています。働くといっても、中卒の私が、この年齢でできる仕事はほとんどないだろうし、仕事探しも大変。頼りになるのは資格だと思います。アパレルで働いていたときの経験を生かして、カラーコーディネーターの資格の勉強を始めました。息子が中学に入る頃までには生活保護から脱出していたい。

病気の私から生まれ、いまだ病気の私とともに歩いてくれる息子。彼がいなかったら、私は死んでいたかもしれません」

貧困でも、この子のためになんとか生きなければと知子さんは言う。

長いインタビューが終わると「少しだけ贅沢して今日は外食するんです」と嬉しそうに息子が待つ家に帰って行った。

シングルマザーに降りかかる「4つの貧困」

昨今、シングルマザーの貧困が報道されると、「シングルマザーだから困っているんでしょう」と反応する人が多くなった。しかし、シングルマザーが一概に貧困とはいえない。シングルマザーを選んでも、正社員で働いてきた人なら、これまで通りの収入で子どもを食べさせていける。また実家の支援がある場合も貧困までは陥らない。

一方、専業主婦で過ごしてきて離婚と同時に職を探したものの、年齢や学歴、幼い子どもを抱えているといったことがネックになり、望む職に就けなかった場合は、想像を絶するほどの困難におかれるケースがある。

子どもとかかわる時間がない……

前出の赤石は、ひとり親家庭には、時間の貧困（仕事に忙しく時間的余裕がない）、関係の貧困（周囲とつながりにくい）、金銭の貧困、健康状態の貧困の4つがあるという。

ひとり親は、両親のいる家庭と比べ、ストレスが大きいので、うつ状態になる人もいる。

「やはり周囲から孤立しがちだし、お金も時間も不足しています。ダブルワーク、トリプルワークをしていれば、子どもとかかわる時間もないのです」

15年、2月。神奈川県川崎市の中学1年生の男子Uくんが殺害され、多摩川河川敷に遺棄された事件があった。

Uくんの母親もシングルマザーだった。離婚して5人の子どもを抱え、祖父が要介護となり祖母の協力も得られなくなり、仕事の関係で子どもたちと交流する時間が少なかったという。シングルマザーの彼女のおかれている現実は、過酷な毎日であったと思う。

『しんぐるまざあず・ふぉーらむ』は姉妹団体と全国的に連携し、15年3月に「子どもの育ちを保障し居場所を広げる支援を求める声明」を発表した。

《川崎中1殺害事件のUくんのお母さんが『Uが学校に行くよりも前に私が出勤しなければならず、また、遅い時間に帰宅するので、Uが日中、何をしているのか十分に把握することができていませんでした』『今思えば、Uは、私や家族に心配や迷惑をかけまいと、必死に平静を装っていたのだと思います』という言葉は、多くのひとり親家庭の親と子がおかれている状況を伝えており、私たち母子家庭の親として、いつ私たち親子に起こってもおかしくない事件だと感じ、胸が張り裂ける思いです》

こう書いて支援を求めた。

80％のシングルマザーが養育費をもらっていない

厚生労働省の「平成23年度全国母子世帯等調査結果報告」によれば、別れた夫と養育費の取り決めをしているシングルマザーの割合は37・7％。そのうち文書での取り決めは70・7％だった。取り決めをしていないのは60・1％だった。

取り決めをしていない理由については、相手に支払う意思や能力がないと思ったが48・6％がトップで、以下、相手と関わりたくない、取り決めの交渉をしたがまとまらなかった、取り決めの交渉がわずらわしい、相手に養育費の請求をできると思わなかった、と続いている。

そして現在も養育費を受給していると答えた人は、全体の19・7％。養育費を受けたことがあるが15・8％。養育費を受けたことがないが60・7％。全体の80％を超えるシングルマザーが、自分の収入や家族や親族の援助、預貯金、生活保護等の社会保障で生活していることになる。

しかし預貯金は、全国母子世帯等調査によればシングルマザーの47・7％が50万円未満だ。ギリギリのところで生活しているので、余裕がない。

そのためひとり親家庭が重要視しているのが、1ヵ月に4万2000円から9910円(子ども1人の場合)支給される児童扶養手当だ。受給者数も年々増加し、12年には108万人。そのうちの98万人が母子家庭だ。

児童扶養手当は年に3回支給されるが、母子家庭の頼みの綱になっている。入ってきたものを、それまで溜まっていた支払いに回す、常に自転車操業状態に置かれている世帯もあるという。

前述の銚子長女殺害事件でも、児童扶養手当が支払われる月には、子どもが小学校時代は母親は滞納していた家賃を支払っていた。

公立の小中学校には「就学援助」の制度がある。生活保護世帯とそれに準ずる程度に困窮している世帯の保護者に対し、学用品費、体育実技用具費、修学旅行費などの援助を受けられることになっている。

文科省の集計では、2012年度の生活保護世帯とそれに準ずる世帯を合わせた就学援助率は全国平均で15・64%。1995年には6・10%だったので急激に伸びていることがわかる。

就学援助があって助かるが、すべてをカバーしているわけではない。部活の費用などは別に必要になってくる。

また住居費の負担も大きく、母子家庭で持ち家に住んでいるのは、29・8％。公営住宅は18・1％。民間のアパートやマンションに住んでいるのは32・6％といちばん多く、家賃の負担は大きい。

日本の母子家庭はワーキングプア

仕事もして、児童手当、児童扶養手当をもらっていても楽にならない現実。ならば生活保護等の社会保障に頼ればいいと考えるが、前出の厚労省のデータによれば、実際にシングルマザーの生活保護受給率は、14・4％でしかない。この理由について、赤石は分析する。

「やはりスティグマ（社会から押し付けられた負の烙印）があって、そこまでして受けたくないという思い、親族に扶養紹会されるのがいやだという思い、交通が不便な地方でも自動車の保有を資産とされて処分を指導されることや、水際作戦で申請に行って断られるなどがネックでしょう」

『しんぐるまざあず・ふぉーらむ』では、電話相談を受け付けているが、生活保護に関する問い合わせもある。赤石は、相談者の所持金額を聞き、金額によってはすぐさま申請をすすめることもあるという。

先にも記したがシングルマザーの就業率は、全国母子世帯等調査によると80・6%。就労率はOECD（経済協力開発機構）平均が70・6%。アメリカは73・8%。フランスは70・1%。女性の登用が進む欧米以上の就労率の高さなのである。しかし収入はというと、223万円。そのうちの就労収入は181万円。正規雇用は43%しかなく、非正規が多いのも貧困に陥る要因である。

懸命に働いても、生活は苦しいまま。日本の母子家庭は、無業ではなくワーキングプアなのである。その背景には、男性が一家を支え、女性は補助的な労働でよいとする根深い社会の構造があると赤石は指摘する。

結婚していったん家庭に入り、子どもが大きくなったので仕事に就こうとしても、待機児童の問題、非正規の問題が控えている。日本というのはつくづくセカンドチャンスを与えない国だと思わざるを得ない。

母子家庭の貧困は自己責任か？

かつて日本では結婚は1回したら、添い遂げるもの、と考えられていた。しかし結婚観も社会の価値観も変わり、今では2分41秒に1組が離婚している。国民生活白書によれば、女性の離婚に対する抵抗感が薄れ、特に若い世代でその傾向は強い。

その離婚の背景には、約7割が何らかのDV被害を受けているというデータがある。一般的には収入の主たる部分を負担している夫と別れ、誰だって愛するわが子を貧困には置きたくないが、DVによって、母と子の精神、健康、あるいは命すら危うい中で追い詰められ、悩んだ挙句に離婚している姿が浮かび上がってくる。

ひとり親家庭の貧困には、母親自身がそれまで決して良好とはいえない境遇のなかを生き、それがゆえに子どもにも良好な環境を与えられないという悪循環もあるのだ。

総合失調症の母、そして父の死が落とした影

30代の秋子さんに出会った。

「そうだね、あれはワンワンだね。娘は何でもワンワンと言うんです」

そう言って笑いながら、2歳の娘に乳房をふくませた。

どこにでもいる優しく、賢い母親。

聞けば彼女は素晴らしいキャリアの持ち主だった。国立大学、国立の大学院と進み、大手企業の会社員をしているという。話をするうちに、彼女は自分の生い立ちについて、ぽつりぽつりと話し出した。

生まれ育ったのは、関東地方。自宅の団地はエレベーターもなく、近所でお葬式があると、棺桶がぶつかるようなところだったという。

「小学校の友達のマンションに行くと豪華な玄関に、当たり前のようにエレベーターもあり、小さい頃から否が応にも、わが家が貧乏であることを知りました」

生活ががらりと変わったのは、9歳のときだった。

国立大出身でインテリだった父親ががんで亡くなり、生活力のない母親と祖母と3人で、生活保護を受給して生活するようになった。

秋子さんへの虐待が始まったのは、父が入院中のとき。

統合失調症を患っていた母親は、自分がつらいと秋子さんを標的にした。殴る蹴るの凄まじい暴力を受け、さらに人間性を否定されるようなことを何度も言われた。どんな言葉を言われたかを聞くと、言うのもおぞましいと首を振った。

父の死後、虐待はさらにエスカレートしていった。祖母は、

「秋子がかわいそうだよ」

と言ってかばってくれたが、暴力は一向に収まらなかった。

「母は病気のせいで自分をコントロールできなかったのでしょうが、なぜ私がいじめられなければならないのか。子ども心に大いに悩み、傷つきました。

そんな攻撃的な母でしたから、学校に行けば、担任の先生ともよくけんかしてきて、私が学校に行って謝罪する。それも何度も。どこに行ってもトラブルを起こしました。なんで私に迷惑をかけるの……」

勉強をすれば「ここ」から抜け出せる

追い込まれた秋子さんは小学校の高学年から、この貧困と虐待の厳しい環境から脱するにはどうするべきかを考えるようになった。一刻も早く、過酷な家から逃げ出したかったという。

学業成績が優秀だった秋子さんが出した結論は、

「とにかく一生懸命勉強して学力を身につけ、奨学金をもらって大学からは別の町に行く。そして一流の大学を優秀な成績で卒業し、自分の納得できるところで働き、自立する

こと」だった。

母親から逃げるには、それしか考えつかなかった。

これまでの秋子さんの半生は、自分が計画した通りに進んでいる。高学歴の夫と結婚して、娘が生まれた。今は人生の中でもっとも幸せだという。

「母親になったときに、私が母親にされてきた虐待を思い出しました。でも、この子にだけは、私のような、あんなにつらい虐待も貧困も味わわせたくない。たくさんの愛情を注いで、大事に育てていくつもりです」

虐げられた学童期を思い出したのだろうか。目には涙があふれた。

やがて大阪寝屋川市で起こった中学生の殺害事件に話題が及んだ。

「何不自由なく育ち、どこに行ってもエリートだった職場の同僚たちは『あんな時間に親は何をしていたのか！』と批判します。子どもの心も親のおかれている状況も想像しにくいのでしょう。

でも私、わかるんです、あの子たちの気持ちが……。

私もそうでした。貧困と虐待の家にいたくなくて、コンビニの前に佇む。ひたすら夜の町を歩いていたことがありました。外に出て気分転換しなければ生きていけなかった。あの時間に、外を歩かなければならない理由を想像すると、私はあの子たちがかわいそうでなりません」

声をあげないといけないとき

貧困が連鎖していくのは、自己責任だと思いますか、と秋子さんに聞いてみた。

「私は、頼れる人もいないなかで、必死に頑張って貧困からの脱出を試みました。もちろん貧困には社会構造の問題や、その人の環境があるかもしれません。

でも、ずっと何も動かず生活を改善しないで貧困のなかにいるのは、やはり自己責任なのではないかな、とも思ってしまいます。

〝よく泣く子は、泣かない子より余計に飴《あめ》をもらえる〟ということを言われたことがあります。韓国のことわざらしいのですが、優しく静かなだけではいけない。

声をあげるべきところは声をあげて、やれることは全部やらないといけない。できないじゃない、やらなきゃいけないのです」

厳しいなかを必死に生き抜いてきた彼女なりの、貧困にいる女性たちへのエールではなかったのか。そう自分に言い聞かせなければ、やってこれなかったのではないか。

実家は母1人だけになった。介護が必要な母親のために秋子さんは月に10万円の費用を捻出している。さらに大学時代の奨学金を月4万円ずつ返済している。

「月20万円の固定支出があるので、何があっても仕事を辞められないんです」

仕事と子育てを両立し、自信に満ち溢れていたが、ふとしたときに見せる寂しげな表情が気になった。

第2章
「貧困女性」が妊娠したら

熊本・慈恵病院「こうのとりのゆりかご」にて

「こうのとりのゆりかご」はこうしてできた

熊本県熊本市にある、慈恵病院。ここには乳幼児を救う緊急シェルター、「こうのとりのゆりかご」（以下ゆりかご）が設置されている。

キリスト教系の医療法人聖粒会、慈恵病院に日本初の「ゆりかご」が設置され、運用を開始したのは、２００７年5月10日。前年の12月に熊本市に設置申請を届け出し、07年の4月に許可が下りて、運用にこぎつけた

熊本・慈恵病院の挑戦

慈恵病院院長の蓮田太二と当時、看護師長だった田尻由貴子は、ドイツにある「ベビークラッペ」と呼ばれるゆりかごの視察に出かけた。

これは、匿名で赤ちゃんを預けるシステムで、施設の壁に扉が取り付けてあり、そこを開けると温められたベッドが置かれている。ベッドの上には赤ちゃんの保護者に宛てた手紙があり、それを取って赤ちゃんを置き、扉を閉めるともう外からは開けられなくなっている。いったん、赤ちゃんが預けられると、警報ブザーが鳴る。赤ちゃんの存在が確認さ

れると、施設のスタッフが赤ちゃんを連れて小児病院での診察を受けるという段取りが組まれている。

　預けられた赤ちゃんは、異常があれば入院措置となるが、異常がなければ専門里親に預けられる。赤ちゃんポストに赤ちゃんが預けられると、新聞に広告を出す。預けられた日時、性別、障がいの有無、「私たちがあなたのために最善のことをしますから、名乗り出てください」という内容である。8週間を専門里親のもとで過ごしたのち、その間母親が名乗り出なければ、養子縁組をするというものだ。

　新聞を見て、「ぜひ自分に育てさせてください」という申し出が殺到し、特に障がいのある子どもに対しては、健常な子どもの数倍の申し込みがある。

「視察の前は、こういう施設が本当に日本にも必要なのかどうか、疑問でした」(田尻)

　ドイツでは保育園の前のごみ箱に赤ちゃんが捨てられた事件をきっかけに、保育園の建物の半地下の壁に扉をつけ、内部に24時間あたためられたベビーベッドを置いて、預けられる場所を作ったという。

　赤ちゃんの遺棄はゴミ箱だけではなかった。地下室や森の中、教会の前などに捨てられた赤ちゃんは年間40人。そのうち20人が保護され、低体温などが原因で20人が亡くなっていた。追い詰められた母親がいる実態がわかり、04年にはドイツ全土に広がり70ヵ所に増えていった。

「私たちは、保育園、公立病院、プロテスタント系、カトリック系病院を視察して、最優先すべきは、赤ちゃんの命を考えていることを知らされました。ドイツの国民性や歴史、強い信念をもった女性たちがいて、この取り組みは実現できたのでしょう。これが日本でできるのか。考えさせられました」(田尻)

保育園の赤ちゃんポストの場合、年間の運営費は約800万円ほどかかる。これは寄付やチャリティーコンサートを開催してまかなっているという。

「傍観者であってはならない」

中でも2人が目を見張ったのは、赤ちゃんだけではなく、予期しない妊娠をした女性を支える仕組みだった。

まず、出産できない問題を抱えている母親は、民間や公的な機関『妊娠葛藤相談所』で専門のスタッフが相談に応じていく。ここで相談員がさまざまな社会的な支援をアドバイスしてくれる。それを受けて、どうするのかを、妊婦自身が決定する。

ドイツはカトリックとプロテスタントのキリスト教徒が大半だ。そのため中絶は倫理的に問題視されていた。そこで義務付けられているのは、中絶を前に相談所で相談を受け、やむを得ず中絶するときは、相談所の証明書をもらって中絶に臨む。

また相談所で提示されるのは〝匿名出産〟だ。たとえばプロテスタント系の病院で出産するときには牧師がかかわっていき、自分の身を明かさずに出産。母子は8週間にわたってマザーチャイルドハウス、母子寮のようなシェルターで生活して様子をみる。この匿名出産は100以上もの病院が引き受けている。

シェルターで生活した結果、52％が自分で育てていこうと決意。46％は養子縁組を望み、残りは重篤な障がいなどを抱えているため、施設に送られるのだという。

こうした背景にあるのは、宗教の問題だ。妊娠葛藤相談や養子縁組という公的な支援があるにもかかわらず、子どもの殺害や遺棄が後を絶たない。赤ちゃんポストに預けた場合、母子双方の命が危険なこともあって、匿名出産が導入された。

「ちょうど日本でも、05年、06年は遺棄事件が全国的に多く、1週間で1件ほど発生していました。熊本でも3件あり、2件は死亡でした。さらに虐待事件も増えていて、自分の子どもを母親がなぜ殺すのかと心を痛めていました。

そこで、1日でも早く、なんとしてでも、ゆりかごを作ろうという気持ちに傾きました。赤ちゃんの命を救うために、母親も支援できるような体制を作りたかった。

私は産婦人科医として3万5000件の出産に立ち会っていますが、赤ちゃんは流産などもあり、さまざまな困難のなか、簡単には生まれない。せっかく生まれた子が、簡単に遺棄されていくのを、黙って見ていられなかったのです」（蓮田）

田尻も同感だった。彼女は、マザー・テレサを尊敬している。彼女の、「愛の反対は憎しみではなく、無関心。傍観者であってはならない」という言葉に突き動かされ、赤ちゃんの遺棄に無関心であってはならないと、ゆりかごのシステム構築に取り組んでいった。ゆりかごを作る前に、病院の一部についての「使用目的変更の許可申請」が必要であり、熊本市にこの申請を行った。しかし、市は全国で初めてのことであり、悩みに悩み、4ヵ月を経過していた。それに対し、市民が市長（当時）に、厳しい批判の声を地元紙に掲載。

この流れに動かされるように、市の許可がおり、付帯条件として「妊娠・育児、その他に悩む人の電話相談に力を注ぐように」という条件がついた。

女性からの相談は年々増加

蓮田と田尻が中心になって作ったゆりかごのシステムは、いわゆる赤ちゃんポストの設置だけではない。妊娠や、出産、育児に悩む方のための24時間、フリーダイヤルで相談に応じる態勢をとった。田尻も含めて5人の相談員が交代で担当した（現在は9人）。

「高校生で妊娠。相手は逃げてしまった」

「相手の男性とは不倫。夫もいるので、出産できない」

「経済的に困窮していて子どもを育てられない」

1人ひとりの相談に耳を傾け、電話やメールで真摯に相談に乗っていく。そのたびに、「赤ちゃんのこと一緒に考えよう」と話しかけた。

帰宅後も寄せられた相談を携帯電話に転送し、24時間待ったなしで続けられた。

「お風呂に入っている間も相談がこないかと、脱衣籠の中に携帯電話をおいていました」

自分が電話に出なければ、子どもの命が救えないかもしれない。そのストレスは大変なものだったという。田尻の相談に対する心構えは、決して責めないということ。「どうしたの？」と聞いただけでも涙して傷ついてしまう人もいるからだ。電話から病院を訪れた人には、「よく来てくれて相談してくれたね、ありがとう」と傾聴する。そのうえで悩みを聞き、親身に寄り添う。

最初は「きっと受け入れてはもらえない」と思っていた女性たちもしだいに信頼を寄せ、口を開いてくれるようになるという。

14年度までに寄せられた相談は9000件以上。最初の年は500件だったが、年々増え、14年は4000件、15年は更に増加している。電話相談の内訳は、熊本県内からが

17%。あとは東京や大阪など、大都市部からの相談だった。

1人の女性が何度も何度もかけてきても、素性を明かさずに支援につながれないこともあった。また「もうすぐ産まれるかもしれない……もう自宅で産む」と言うので、居場所を聞いても告げてくれず、スタッフが慌てたこともあるという。

電話相談の結果、人工妊娠中絶をやめて出産を選び、自らの手で育てる決意をする女性もいる。一方で出産を選ぶが、その後は育てられないとなると、通常は児童福祉法に基づき、乳児院、児童養護施設や里親へ、児童相談所を経て送致される。ゆりかごに預けられた子どもも同様で、その子のその後は児童相談所が決める。

里親には家庭に戻れるまで、あるいは自立できるまで、比較的長い期間養育する養育里親や、実親が死亡、行方不明の場合に近親者が養育する親族里親など種類がある。

「命のバトン」をつなぎたい

慈恵病院が推進してきたのは、特別養子縁組だ。

特別養子縁組の養子は戸籍上養親の実子となり、その条件は養子の年齢が6歳未満と定められている。慈恵病院ではこれまで232件が成立している（15年3月31日時点）。育ての親が戸籍上も親権者となり、実子として育てる養子縁組。生みの親から育ての親へ

〝命のバトン〟をつなぐことを目指した。

養子縁組を望む里親は、実の親の出産の際に、分娩室の前の廊下で待機。分娩室で実親と顔を合わせることはないが、出産に似た体験をし、わが子として受け入れる準備をする。出産の経験がない里親でも、段階を踏むことで親としての実感がわいてくるからだ。田尻は10代の妊娠は、何も特別なことではなく、ごく普通の高校生でも起こりうることだと言う。

実際に妊娠がわかった10代の女の子が「どうしよう、どうしよう、死のうと思った」と相談しに来た。親に怒られるから産んじゃいけないと思っていたが、田尻と何度も相談をするうちに、養子縁組の制度にたどりついた。制度を知り「産んでもいいんだ」と肯定できるようになった。その命をつなぐ養子縁組は彼女の出産への不安も軽減したという。

「子どもは、血縁よりも特定の親のもとで愛情を持って育てられることが大切です。育てられない実親よりも新しい親のもと、一緒に過ごしていく時間こそが必要です。養育里親の場合は、18歳までしか育てられず、その後は家を出て巣立っていくので、その後は交流があっても、親と子ではないのです。しかし特別養子縁組は一生親子。先の彼女は無事出産し、赤ちゃんは養子縁組に託されました」(田尻)

実際に慈恵病院のゆりかごを見せてもらった。外部のエントランスをまわり込むと赤ちゃんの顔が書かれた、60cm×50cmの扉がある。そこを開けるとさらに引き戸が。その引き戸の上部には、保護者に対する手紙が置かれていた。その手紙を受け取り、引き戸を引くと、奥にベッドがあった。ベッドは常に温度が30度に保たれていて、赤ちゃんが暴れても落ちないように透明のアクリル板で囲まれていた。壁はアイボリーにピンクの花が描かれていて、「赤ちゃんを温かく迎えます」というムードであふれていた。

この扉の前で母親がどれほど逡巡《しゅんじゅん》するかを思った。病院のまわりは住宅地。ゆりかごの門は民家の間をすり抜けたところにある。その家々には、当然だが親と子の楽しい生活があるわけで、その中を他人と顔を合わさないように、暗くなってから預けに来た母親は何を思うのか。ゆりかごまでの道すがらでも、かなり迷っているはずだ。わが子を遺棄することができないから、ここまでやってきたのである。

それぞれに相当の理由もあるだろうが、複雑な気持ちで子どもを預け、立ち去るのは間違いない。それを思うと胸が詰まった。

「せっかく生まれてきたのに、育てられなくてごめんね」

ゆりかごのまわりでも、預けたものの、なかなか立ち去れなくて、佇んでいる女性の姿をスタッフが発見することもあるという。別れがたく立っている女性には看護師が「何かご相談したいことはありませんか」と声をかける。事情を聞いたうえで、何らかの公的支援につなげるケースもあった。

ゆりかごのベッドを見つめながら、私は以前取材した女性のことを思い出していた。

10代からずっと風俗で働き、ある日妊娠に気づいた。「ひょっとして妊娠したんじゃない」と周囲から言われても「太っただけ」とごまかし、妊娠中も酒とタバコをやめずに仕事を続け、ホストクラブでも遊んでいたという。友人の手を借りて自宅出産。子どもを道端に遺棄して死亡させた。

遺棄した当時は「望まない妊娠で、こんな仕事していては育てられないから」と簡単に遺棄を考えたというが、刑期を終えて出所した後に考えは変わった。

「何も考えずに遺棄してしまったけれど、今生きているとすれば4歳。ショッピングセンターで同じ年齢の女の子を見かけると、あの子に対して申し訳なかった、という気持ちでいっぱいになります。いろいろ手段があったはずなのに、なぜしなかったのか――」

彼女の目には後悔の涙があふれていた。

ゆりかご、初めての赤ちゃんは今

ゆりかごに初めて預けられたのは、3歳の男児だった。

07年、5月10日、午後3時。ゆりかごが誕生したまさにその日だった。3歳になっていたので、入れられたときの記憶があった。

男性と新幹線に乗って熊本のゆりかごにやってきたこと。「かくれんぼしよう」と言われて、ゆりかごに入れられたこと。その後、その男性は帰ってこなかったこと。彼は覚えている限りのことを話した。預けられた当初はとにかく泣きじゃくる毎日だったという。

男児は、熊本市の児童相談所で措置されて、まずは児童養護施設に移り、5ヵ月後には里親縁組で新しい両親のもとへと巣立っていった。

あれから8年。

男児は小学校の高学年になって、里親さんとともに慈恵病院を訪ねてきた。愛情いっぱいに育てられ、明るくて学校でも人気者だという。

「彼は自分がゆりかごに預けられたことをわかっていて、ゆりかごを見に来たのです。はっきりと〝僕はゆりかごに助けられた〟と言いました。一方で最初に着ていた洋服や靴を大事に持っている。彼はすべてを認識しています。それも里親さんが大事に育ててくれた結果です。人は人と人との間で人間として育つ。狼に育てられた人は狼にしかなれない。だから幼少期がいかに大事かを考えてほしい」(田尻)

ゆりかごに預けられた子のうち、18人は、親が引き取りに来た(２０１４年9月30日時点)。20分後に泣きながら母親から電話がかかってきて、引き取っていったケースもある。「無責任なことをした」と反省して翌日に来た母親も。あるいは何年か経ってから「私が実の母親です」と申し出てきたこともある。

またゆりかごの運営直前に男性から電話がかかってきたこともあった。ゆりかごができるというニュースはセンセーショナルに報道された。彼はその報道で設置を知り、なんとかできないものか相談してきたのだった。

もうゆりかごはできましたか、と尋ねた。まだできていないと答えると、この男性は、不倫関係にあった女性に子どもができ、お互い家庭があって、どうしようもないという。

「もしここがなければ畑に穴でも掘って埋めてしまおうかと考えていました。ゆりかごができるというので、そこで預かってほしい」

切羽詰まっている様子がうかがえた。特別養子縁組の話しをして結びついたという。

「赤ちゃんを助けていただき、ありがとうございます」2人は何度も感謝していた。

「母子無理心中」は防げたか?

しかし、いい事例ばかりでもない。ゆりかごで預かった子のなかで、痛ましい事件もあった。車の中で母子が練炭で無理心中を図り、死亡したという。

熊本県外に住む30代の母親は未婚のまま出産した。しかし、知らない間に娘の父親の手によって、子どもはゆりかごに勝手に預けられてしまった。子どもはいったん乳児院に預けられたのを知り、母親は、すぐに引き取りたいと申し出る。親元に戻す措置を県外の児童相談所が決定。しかし育てきれずに無理心中してしまったのである。

実親が引き取りたいと言えば、申し出のままに引き取らせていいものか。難しい決断である。蓮田が言う。

「母親の状況を調べてみると、とても引き取って育てられるような状況ではなかった。もっと慎重に対応すべきだったと思う。児童相談所は、血縁を重んじて、実の母親がいるのならば母親が育てて当然。親と子は一緒にいるべきだという考えがある。確かに児童相談所は職員が少なく、細やかな対応ができない。虐待や母子心中といった今日的な状況を読み取れていない。子どもの安全、幸せのためにもっと考えないといけない」

一方で、養子縁組から生じる問題もある。すでに養子縁組で新しい親が愛情持って育てているのに、実の親が後悔して、ふたたび育てたいと申し出てきたときに、家庭裁判所がどう審判するかということ。新しい親が育てるようになるのか、実の親が育てるようになるのか、あらゆる条件から考察して決定されなければならない。

しかし日本では、まだその辺りの法の整備がなされておらず、新しい親への考慮も何らなされていない。

「やはり実の親のほうがいい、という安直な決定はしてほしくない。その子にとって、何が幸せなのか。そこを考えなければいけない。里親の家庭で安定した生活を送っていたのに、実の親に引き取られて、コロコロ環境が変わるのがいいのか。ただ、それでも、たとえ親権が実の親に移ったとしても、一定期間、愛情を持って里親に育てられた日々は、子どもの中で間違いなくかけがえのないものになっているのだと私は思っています」

子どもの安定を語るとき、田尻は珍しく語気を荒げた。

これまでゆりかごに預けられた子どもは、15年5月に熊本市が公表したデータによれば、8年間で112人。新生児（生後1ヵ月未満）は93人、乳児が13人、幼児が6人だった。健康状態はおおむね良好で、医療行為が必要な子どもは21人だった。

ゆりかごを利用した理由では、聞き取りの結果、「生活困窮」がもっとも多く、次いで「未婚」「世間体、戸籍にいれたくない」などの事情が並んだ。

出産場所については、聞き取りやへその緒の状況から、14年度、11人に限っていうと、医療機関が2人、医療機関外が9人。医療機関外は、自宅出産8人、車内が1人で、自宅での出産が増加傾向にあった。

乳児死体遺棄事件

事件は起こった。

２０１４年10月３日、ゆりかごに生まれて間もない男児の遺体が入れられたのだ。事を重く見た慈恵病院では、「こうのとりのゆりかご乳児死体遺棄事件」と題してホームページ上で経過などを発表した。

赤ちゃんの遺体が「ゆりかご」に

《午後8時29分、ゆりかごの警報が鳴り、病棟・新生児室の看護師が同時間にゆりかごに到達しました。ゆりかごの処置台には銀色の包み（車のフロントガラスに置く日よけ）がありました。中には乳児の遺体がありましたが、すでに一部の組織で腐敗が始まった状態でした。へその緒も脱落した後でしたので、生後かなりの時間が経過したものと考えられました。

ただちに警察、児童相談所に連絡を行いました。赤ちゃんの発見時に屋外を見たところ、家族らしい人物は見当たりませんでした。しかし当院職員で、不審な人物を目撃したとの申し出があり、警察の事情聴取を受けました。職員の目撃情報は以下のとおりです。
①ゴミ出しのため屋外に出たところ、包みを抱えた女性とすれ違った。職員以外にこの場所を通る人は少ないため不審に思った。
②仕事を終えて帰宅しようとしたところ、病院の横の道路に駐車中の車を見かけた。通常、夜の時間帯でこの場所に駐車することはないため、先ほどの不審者の事もあって、車のナンバーも控えていた。》

ブザーが鳴って最初にゆりかごを覗いた看護師は、車の遮光シートにくるまれた赤ちゃんを見て絶句した。得も言われぬ悪臭と無残な遺体。のちにショックからＰＴＳＤ（心的外傷後ストレス障害）を発症したほどだったという。診察に当たるはずだった女性医師はショックで診察することができず、男性医師が診察し、死亡が確認された。

連絡を受けた蓮田はすぐに「殺されたのではないか」と考えた。と同時に、死亡していたことで警察に連絡した。さらに法的解剖をして死因を特定してもらった。

車のナンバーから、乳児を遺棄した者も判明し、実母が逮捕された。

それから約2ヵ月後の12月5日、死体遺棄罪に問われた熊本県山鹿市のＹ被告（31歳）に対する初公判が熊本地方裁判所で行われた。

母親のYは、周囲に妊娠を隠していて、同居していた両親、息子（8歳）は妊娠に気づかなかった。赤ちゃんが産まれたら家族に事情を話し、自分で育てるつもりだった。

9月30日早朝に自宅の浴室で出産。すでに死亡していた。解剖の結果、肺が膨らんでいないことから胎児は呼吸することなく死亡。また頭蓋内に出血があり、死因は分娩時の頸部圧迫によると考えられる。Y被告は証言台で語った。

「亡くなった状態で出産した赤ちゃんがかわいそうで、「ゆりかご」ならきちんと供養してくれるかもしれないと思ったのです」

「捨てようとは思っていませんでした。大事な子どもだから。10ヵ月間、自分のお腹の中で育ててきたから」

「きちんと産んであげられなくてごめんねと言いたいです。お墓参りをしてあげたい」

ゆりかごの存在は7、8年前に知り、事情がある妊婦や赤ちゃんを守ってくれると認識していたという。

友達のいない女子生徒だった

報道の翌日、同院にはメールが寄せられた。被告の中学時代の女性教師からだった。

「今回の事件を知り、驚き、切なく感じています」

被告は、難聴で同級生の友達とコミュニケーションをとるのが不得手な子だった。クラスにも溶け込めず、授業の合間に教師にべったりとくっついてきたという。実際に法廷でも、彼女がかなりの難聴で補聴器をつけても聞き取れないことが目立った。

女性教師はメールに綴った。

「大人になった今も相談できるような友達がいなかったのか。自宅で1人で出産するなんて！　どれだけつらかったろうと思います」

そんな中学時代の彼女を知っているからこそ、何かしたいと求めていた。

孤独のなかでのひとりぼっちの出産

そして被告からは、病院へ、ゆりかごに遺棄して申し訳ない旨の謝罪の手紙が届いていた。「孤独のなかで出産しなければならないという被告の心情を考えたとき胸が痛む」と思っていた蓮田と田尻は、ともに公判の傍聴に出かけている。

「彼女は未婚で、すでに長男を出産しており、両親からは『二度と未婚での妊娠、出産を繰り返さないように、今度妊娠したら家から出て行ってもらう』と言われていましたから、妊娠したことを両親には告げられなかったのでしょう。父親の男性は遠くに逃げてしまい、友人にも頼れない。そんな背景があって、病院にも行かず、臨月を迎え、孤独のなかで出産するわけです。陣痛が始まって出産したら、赤ちゃんが亡くなっていた。パニックになったのでしょう。でもいつまでも家に置いておくわけにはいかない。そこでとっさに浮かんだのが、ゆりかごです。もう少し早く相談してくれていたら、と思うと残念でなりません。彼女の心の叫びを聞きに傍聴しました」（田尻）

さらに蓮田は言う。

「長い間いじめに遭い、差別を受けてきた人たちは、声を出せないのです。どうして私たちに相談できなかったのだろうと思うと……残念でたまらない」

特に蓮田は判決言い渡しの前に「刑を軽くしていただけませんでしょうか」と、先の教師の思いも含めた陳述書を書き、それを弁護人が読み上げた。

《産まれた赤ちゃんが呼吸をせずに亡くなっていたので、おそらく呆然《ぼうぜん》としたのでしょう。ゆりかごに預けたのは、まったく冷静さを欠き、混乱していたのだろう。出産前に私たちに相談してくれていたら力になれたのに。ただ、ゆりかごがあったから、畑や林に遺棄せずに預けられたことは、むしろ救い》

14年12月17日、懲役1年を求刑されたところ、熊本地裁は、懲役1年、執行猶予3年を言い渡した。大門浩一郎裁判官は告げた。

「両親に相談すれば遺体を適切に処理できたのに、思慮の浅い行動は非難されるべき。しかし遺体を適切に処置してくれるかもしれないと思い、ゆりかごを選んだ。遺体に対する思いやりが相応に感じられる」

情状は酌量された。慈恵病院では、ゆりかごにかかわった人、相談を寄せた人すべてに寄り添って、その人たちすべてが〝更生〟するまで見届けるという考え方が浸透している。

蓮田の指示で、田尻は地域の保健師にきちんとバトンをつなぐことになった。

「私は保健師を14年していたので、母子保健をもっと充実していかなければいけないと実感していました。助産師と保健師は、母子保健の両輪なんです。助産師がいち早くリスクをキャッチして、それを地域の保健師さんにつなぐ。助産師は一生女性に寄り添う仕事で、産後は保健師が母子に寄り添う。リスクはなかなか表出してきませんが、さまざまなことを想定して誰かがやらなければいけないのです」（田尻）

執行猶予の判決が出た後、蓮田の指示で田尻は地域の保健師とともにYに会いに出かけた。なんとか地域での支援につなげる必要があった。

ところが、彼女は拘置所で生活をしていたときに親しくなった同房の女性から、「私の家で暮らせばいい」という甘い言葉に促されて、家に帰らず同居していたのだ。しかし、その女性は女中代わりに彼女をこき使い、半ば監禁状態に置いた。命からがら逃げてきたという。難聴という障がいゆえに職にも就きにくく、子どもを抱えてシングルマザーとして生きていくためには困難が多かった。

訪ねていくとYは、8歳になる息子と、両親の助けを借りて生活していた。

妊娠がわかったとき、彼女と一緒に生活していた母親は、娘の妊娠に気づかなかったわけではなかった。もともとぽっちゃりした体型の娘が、さらにふっくらとしてきたことで妊娠を疑った。しかし娘は「婦人科系の病気みたいだ」と答え、母親は「ちゃんと病院に行きなさい」と応じただけだった、とは田尻に話してくれた。

育った家庭環境、両親への思い、息子への愛情。ぽつりぽつりと話す。将来的には息子を連れて自立したいのだと訴えた。

両親はきちんと収入を得ていたが、Y自身は勤めていた会社が倒産して失業状態。自由になるお金はかなり限られ、生活は苦しかったようだ。

「彼女は、『家から独立したいのだけれどお料理ができない』と言いました。家でやっていたのは、もっぱら掃除の類で、料理の仕方を教えてもらうことはなかったと。本人がやらなかったのか、母親がさせなかったのか。それはわかりません。うかがった家は、きちんと整理整頓ができている状態ではなく、なんというか、ギリギリのところで生活している感じが伝わってきました。だから独立したいのなら、仕事を見つけようね。生活を立て直そうね。態度を改めて、部屋を片付けて料理を作れるようになってからの話だよと諭すと、うんうんと頷いていました」

自宅で出産し、それがたまたま死産だった。自分の力ではどうすることもできずに慈恵病院を頼ったY。私は彼女を責められない。大都市でもない地方の小さな町で、誰にも相談できない孤立のなか、唯一頼れる先が、ゆりかごだった。もちろん彼女の取った行動は無責任で浅はかだったかもしれない。しかし、最後に愛おしいわが子をなんとかして供養したいと思った。せめてもの母心ではなかったのか。

彼女のような予備軍は、顕在していないが、実はたくさんいるような気がしてならない。だからこそ何らかのアクションをしていかなければいけないと思う。

世間からの批判、それでも続ける意味

事件をきっかけに、慈恵病院のゆりかごに対する批判が殺到した。しかし蓮田は、事件前と同じように運営を続行した。また一方で防犯カメラの設置を進言された。けっして犯罪性の高い事件ではなかったが警察から言われると無視できなかった。蓮田にとっては苦

渋の決断で、撮影はするが、何か事件が起こったときのみ映像を提供するとした。

《今回の事件が報道されたことで、「赤ちゃんを預け入れると警察に捕まるのではないか？」と心配の電話相談が数件寄せられています。この預け入れ事件となったのは、赤ちゃんが死体だったからです。赤ちゃんの死亡原因が殺人によるものかもしれず、詳しい調査のためには警察の捜査が必要でした。赤ちゃんが生きていて、事件性がない状態でゆりかごの中に預け入れられれば、警察に捜査されません。

むしろ警察に逮捕されることを怖れてゆりかごの外などに赤ちゃんを置き去りにすれば、保護責任者遺棄罪に問われかねません。赤ちゃんにも低体温や動物による危害など危険性があります。

どうしても預け入れをしなければならないお母さん、安心して赤ちゃんを私たちに託していただけますか？　預け入れた後、困っているお母さんの相談をお受けしたいとは思いますが、決して捕まえたり、罪を問うようなことはしません》

慈恵病院はこうホームページにアップした。田尻はＹについて、次のように話した。

「彼女は保健師がきちんとかかわってくれたら更生できると私は信じています。死んだ赤ちゃんを預けたというのが、彼女の最大のメッセージ。誰か助けてほしいと思って起こした行動です。預けに来たのだから、優しい一面を持っているのだと思います。やってしまったことをいくら責めても仕方がない。赤ちゃんは生き返らないし、彼女が次のステップに行けるように周囲がかかわらないといけません」

「ゆりかご」は日本が抱える問題の縮図

熊本市は、慈恵病院の14年度の、ゆりかごの運用状況を発表した。預けられた子どもは11人。自宅など医療機関以外での出産は9人。これは親への聞き取りやへその緒の状態から判断したもので、その割合は過去最高の82％に達した。そのなかには、1500グラム未満の未熟児がいたことも判明。大事には至らなかったが危険な状態で発見されたのだという。

「自宅出産は、妊娠を知られたくない、病院に行くお金がないので、誰にも知られずに出産したというケースがほとんどです。気がついたら妊娠後期に入っており、一度も診察を受けることなく、中絶をすることなく自宅で出産している。でも自宅出産は、本当に危険なのです。母子ともに死に至るケースもあり、出産する前に必ず相談に来てほしい。

ゆりかごの問題って、不倫の問題、若年の妊娠、夫婦問題、虐待や性犯罪、そして貧困。今の日本が抱えている問題の縮図なのではないかと思います。8年間やって、いきついたのは、親育ての問題だということ。そこをこれからは重点的に、小中学生のうちから、指導していかなければいけません。自分たちの問題としてとらえて、しっかり子育てをしてほしい」（蓮田）

慈恵病院での電話相談は、フリーダイヤルだ。相談員の人件費などで、年間2000万円以上の出費になっているという。病院にとってはかなりの負担になっているため、今後はNPOなどを作っていくことも検討している。

田尻が日本財団とともに調査したところによると、24時間365日態勢で、妊婦からの電話相談に応じている相談所は、慈恵病院、現在田尻が特別顧問をしているスタディライフ熊本、熊本市など全国に18ヵ所しかなかった。いずれにせよ、慈恵病院だけではなく、24時間ノンストップで相談できる窓口を全国に、早急につくらなければいけない。現在では、田尻らが中心となり「全国妊娠SOSネットワーク連絡会議（全妊ネット）」を組織し、妊娠相談の担当者に向けたガイドブックを作成し、妊娠相談の普及につとめている。

ゆりかごの運営に対しては、今も異を唱える人が少なくない。

「匿名が前提なので、将来出自がわからなくては子どもの権利が守れない」「ゆりかごは預け入れが前提なので自宅出産が増え、命の危険も」などである。

蓮田はこれらに対して反論する。

「ゆりかごが最後の砦になっている以上、他にどんな手段で子どもの命を救うのか。貧困や未婚の複雑な事情があっても、早めの相談で特別養子縁組という別の選択肢もある。子どもの命を守ること、これこそが優先されるべきです」

信念の人、蓮田の決意は微塵も揺らいでいない。

「中学生の娘の妊娠」は普通の家庭に起こる

これまで慈恵病院が養子縁組につなげた232件のうち、61件は若年妊娠だった。そのうち67％が15〜17歳の母親だったが、15歳未満も21％に達している。中には小学生が出産したケースもあった。

その背景について、蓮田が話す。

「性意識が低いことがまずあります。漫画やインターネットの情報でセックスを連想させる描写がある上に、小中学生は体の成長も早く、好奇心も強い。セックスがしたいという要求が早くから目覚めているのです。しかし実際は意識が低く、どういう行為をすれば妊娠に至るということが欠如している。したがって若年妊娠につながってしまうのです」

妊娠相談に現れた中学生は、妊娠36週で、10ヵ月目に入っていた。その1週間後、無事に出産したが、親はショックで、現実を受け入れられなかったという。

その女子中学生は、学校にもきちんと通って、部活動も普段と変わりなくしており、母親は「まさか、このうちの子に限って」と疑いの目すら向けなかった。

また別の高校1年生の女子は、性感染症から腹膜炎を起こして運ばれてきた。聞くと、7人の男性と関係を持っていた。

「私なんて少ないほう。友達はもっと多くの人と関係がある」

その高校生の間では、性行為をした相手の数を競うような傾向にあった。

子は親を平気で欺く。試験勉強を友人の家でやるので外泊する。しかしその家はボーイフレンドだった。また家にボーイフレンドを呼んで宿泊させるも、親は他の同級生も、そんなものだからと容認する、親が注意をしないケースなども目立つという。

「母親になぜ注意しないのか聞くと、他の同級生もしていることだから、と言います。ネグレクトなどもない、ごく普通の家庭ですが、そういう家庭ほど〝突然の妊娠〟が起こりえます。自分の娘に毎月生理が来ているのか、目を配るべきでしょう」

病院の力を借りて出産、養子縁組につなげられたとしても、家に戻った子を家族はどう迎えるか、家族の問題も生じる。

ある若い妊婦は、妊娠が打ち明けられなかった。というのも、父親と母親の関係がかなり悪化しており、高圧的な父親には母親さえも話ができない。言葉の暴力が酷く、ＤＶのようなこともあったという。むろん娘の自分からも話はできなかった。悩んで出産して、子どもを手放し、傷ついている娘を、この父親はどう迎えるのか。父親は母親を「お前の育て方が悪かったからこうなった」と責め、娘には「まったくなんてことをしでかしたんだ」となじるだろうということは想像がついた。蓮田は、父親を病院に呼び、かなりきつい語調で叱責した。

「今ここで家族の問題を解決しておかなければ、お父さんが孤立して、老後の生活にも影響が出てくると思いますよ」

娘の妊娠、出産が期せずして家族の問題をもあぶりだしたのだった。

また別のケースでは、地方の名家に生まれた女子大学生が妊娠した。母親は結婚もしないで出産することは、世間体が悪いと養子縁組を選択させた。

「地域では指導的な立場にある、わが家の娘が未婚で出産など認めない。私のプライドは大いに傷ついた」

周囲のアドバイスにも耳を貸さなかった。蓮田は、この母娘の確執は、これからも続くのだろうと予測する。

「こういうレッテルを家族から貼られてしまうと、本人が傷つく。将来に希望を持っていても自分はダメな子だと言われると、子どもは自己肯定感が持てず、子どもだけの問題ではなく、社会の問題になって波及していく。それを阻むためにも、これからはもっと深くかかわっていこうと思っています」

さらに多くの高校では、女子生徒が妊娠しているとわかると、中退を勧告するという。他の生徒への影響を恐れるためだが、蓮田は、その学校長にも掛け合って、出産した後、差別しないで、また学校に戻してほしいと、訴えにも行く。

「他の生徒へ説明ができないという事情もわかりますが、この生徒も排除しないで、元気に前向きに、社会に送り出さなければいけないはずです。生徒同士も、プライバシーだからと、踏み込まず、暗黙のルールでその子をサポートできる力を持っています。高校卒業と高校中退では、世間の評価はまったく違う。少しでも力添えができたらいいと、これからも訴え続けていきます」

若年出産から見えてくるのは、家の中でもつながれない現実だ。「おはよう」も言わず、「おかえりなさい」も言わない家族。もちろん仕事をしていれば、接する時間は少ないだろうが、親は子に対して心を配る責任があるはずだ。「おはよう」「ありがとう」が言えない先には「教えて」「助けて」と言えない将来があるような気がして、少し恐ろしい。

「養子縁組」という選択肢

日本では、虐待などで社会的養護が必要な子どもの処遇は、児童相談所が根本的な責任を担うことになっている。子どもの安全を確保することが緊急な課題の場合は、子どもを親から分離して一時保護し、一時保護所で生活させる。さらに分離が必要なケースでは、原則では1歳未満の乳児を収容する乳児院、それ以上の年齢から高校卒業まで養育する児童養護施設へと移っていく。

一方で里親という制度もある。養育里親は、要保護児童を預かって養育する里親のことで、日本では里親というと、こちらが一般的だ。また専門里親とは、児童虐待などにより心身に有害な影響を受ける、非行の問題があるなど、専門的な研修を受けた里親が養育する制度だ。子どもとの養子縁組を希望する里親で、生んだものの事情があって育てられない子どもと不妊に悩む里親のマッチングが多い。

「この赤ちゃんが幸せになるにはどうすればいいか」

養子縁組を30年間にわたって推進してきたのは、愛知県の児童相談所に児童福祉司として勤務していた、社会福祉士の矢満田《やまんだ》篤二だ。矢満田が始め、児相の仲間に呼びかけ、これまで養子縁組につなげたケースは30年間で183件にのぼる。

コインロッカーに生まれたばかりの赤ちゃんを遺棄する〝コインロッカー・ベイビー〟が問題となった1970年代、産んでも育てられない赤ちゃんの多くは乳児院に送られていた。

そこで愛知県の産婦人科医の医師たちは、子どもは温かい家庭で育ったほうがいいと考え、1976年から着手した「赤ちゃん縁組無料相談」を参考として、1982年から養子縁組の仲介を始めたのがきっかけでした。

「私も児相で、相談を受けたときから、この赤ちゃんが幸せに育つためにはどうしたらいいかと考えました。産んでも育てられないから中絶したい、という相談者にも何らかの事情があるのです。乳児院に入ることになるなら、温かい家庭でという気持ちに賛同し、行政で初めて養子縁組を始めたのです」

矢満田は、1973年当時「赤ちゃんあっせん事件」で話題になった、宮城県の産婦人科医、故・菊田昇のとった行動を尊敬している。

「中絶して何人もの幼い命が失われるところを、実子としてほしがる親にあっせんしました。偽りの出生証明書で略式起訴を受けましたが、多くの胎児を中絶から救ったということで国連の非政府機関から、〝世界生命賞〟を受賞しています。

ここが私の原点なんです。救える命なら、救おう。子どもを育てたい親につなげよう。しかも早いうちが親子の絆が築け、親子の愛着を深めることができるのです」

矢満田らが行ってきた「愛知方式の赤ちゃん縁組」の特徴は次の通りだ。

①産んでも育てられないという妊娠中からの相談に対応し、出産前からの相談受理件数は出産後に対応した件数の倍以上を占めている。

②予期しない妊娠をした女性からの相談で赤ちゃん養子縁組あっせんが希望され、それが最善の処遇策であると確認したときは養子縁組里親を選考し、受け入れを準備する。

③これらは妊娠女性の心身を安定させ、母体の中絶願望にさらされて不安状態の胎児を安心させることも目的としている。

④あらかじめ里親に対して家庭裁判所（以下・家裁）から特別養子縁組が認められるまでは、赤ちゃんの保護を乳児院に代えて里親へ委託するものであり、実の親の気持ちが変化して、家裁に対し子どもを返してほしいと表明し、家裁がそれを認めて申し立てを受理したときは、子どもがなついていても、親子の幸せのために、実の親へ子どもを返す確認をとっておく。

⑤里親に赤ちゃんの受け入れ準備を指導し、希望する男児と女児の名前を考えておくように助言する。
⑥児相は実の親が出産後に赤ちゃんの顔を見ても養子に託す決断が変わらないことを確認したうえで、里親夫婦を産院に招き、医師、助産師から里母に哺乳や入浴、オムツ交換などの育児トレーニングを受けさせる。

へその緒がついたままで発見された赤ちゃん

矢満田は新聞、テレビなどで報道された赤ちゃん殺害や生存置き去り事件を調べている。結果、13年度中に嬰児《えいじ》殺害事件は、男児8人。女児2人、性別不明が1人の計11人。へその緒がついたままの生存状態で保護された棄児は男児4人、女児3人だった。

15年度においても、赤ちゃん遺棄事件は相次いでいる。

福井の乳児遺棄事件で17歳の母親が殺害で逮捕された。少女は未婚で家族と同居していたが「誰にも妊娠、出産の相談をしなかった」という。

同じく福井では、同居していた10代の孫が産んだ乳児を祖母が殺害した事件もあった。

愛媛県では乳児1人の死体遺棄の母親（34歳）の自宅から新たに4遺体が見つかり、合計5人を殺害していたことが判明。腐乱や白骨化で性別さえ、わからない状態だった。母親は、実父、弟、中学生の長男と暮らしていた。

東京の住宅街では、新聞配達の男性が民家の軒先に遺棄された女児を見つけている。

「へその緒がついたまま、病院の待合室や軒先に捨てられていたようなケースは、誰かに育ててほしいというサインなんです。そのような赤ちゃんは、愛知県ではすぐに特別養子縁組につなげるようにしています。

予期しない妊娠によって傷つくのは、いつも女性です。その悩みを軽減して、いちばん死亡率が高い生後24時間以内の赤ちゃんを愛し育てられるような環境に置き換える。それが児童福祉の神髄だと思います」

なぜ特別養子縁組は広がらないか？

ではなぜ、赤ちゃんの特別養子縁組が広がっていかないのか。

厚労省の「社会的養護の現状について」の統計表「新生児等の新規措置の措置先」によれば13年度の東京都の場合、生まれたばかりの赤ちゃん83人は、すべて乳児院に入れている。1ヵ月未満の里親はゼロ。1ヵ月以上で1人、1歳以上2歳未満で20人という状況だった。東京都の里親委託率は全国平均以下だった。

「乳児院に入れるのは、障がいがあるかどうかを見極めるためと言っているが、障がい児を差別し、家庭で育つ権利を奪ってはいけません。

また乳児院や養護施設で育つより里親に委託したほうが、経費の面でも安くなります。子どもを一時的に居候させて育てている養育里親ではなくパーマネンシープランニング（恒久的な安定処遇策）にもとづき養子縁組すれば、さらに安定した親子関係ができるのです」（矢満田）

児童の代替的養護に関する国連のガイドラインは「幼い児童、特に3歳未満は家庭養育を基本とした環境で提供されるべきだ」としている。日本ではこのガイドラインを遵守していない自治体が大半。厳しい環境下で生まれた子どもこそ、温かい家庭での養育が必要なのではないだろうか。

前出、蓮田によれば、公的な施設、乳児院、児童養護施設などで18歳まで育つと想定すると、その費用は1人あたり、1億1520万円。民間の施設でも7680万円と、かなり高額になる。

「ゆりかごから養子縁組につなげた232人を単純計算すれば、どれだけ節減できるのか。命が助かって、子どもたちが元気に社会に育っていかれれば私たちのやっていることは大きな意義がある」

養子縁組を円滑に進めるためには、まず法整備が必要だが、立法は一向に進んでいない

――。

養親になった紀子さんの場合

関東に住む紀子さん（51歳）は、15年前に養育里親に登録した。実子がいなかったことと同時に、夫は母子家庭で育ち、紀子さん自身もステップファザー（継父）の家庭で育ったことで、血縁にこだわらず、養育里親になる決意を固めたのだという。

里親になってすぐにやってきたタツヤ（16歳）は、当時2歳で、それまで乳児院で育っていた。

彼は婚外子で、実母は経済的に困窮しており自らの手で育てられなかったらしい。タツヤの祖父にあたる人が、児童相談所に相談し「将来的に養子縁組してもらえるような里親に託したい」という意向で、タツヤが紀子さんのところにやってきたのだ。

幸せな気分でタツヤを抱いて散歩をしていると、同じように子どもを連れて歩いているママから話しかけられた。

「お子さんは、パパ似なんですか」

「陣痛に何時間かかったの」

他愛もないおしゃべりだったが、答えに困った。母子手帳があったので、出産時の状況は大方わかっていたが、子どもに真実告知をする前に、里親であることを地域に告知するのにはためらいがあった。周囲からは実の親子だと思う時間が少しでも長いほうがいいとも考えていた。

タツヤの子育ては、里親研修で学んだ以上に大変だった。「ハミガキ、オムツ、お風呂は嫌がりません」と児童福祉司から聞いていたが、1週間も経つと嫌がった。

「乳児院にいるときは、ハミガキ、オムツ、お風呂のときだけが、保育士と1対1でいられる時間だったのでしょう。だからその時間が好きだった。しかし家に慣れてきて、いつも1対1で向き合ってくれる人ができたら普通の子と一緒です。当然のようにガンとして抵抗して嫌がりました。

乳児院では高齢者と触れ合うことがなかったのか、公園で高齢者に会うたびに泣いて私の後ろに隠れました。

また健診に行き『おクツ脱いで、ここにたっちして』と言われても、子ども言葉を話さない中で育っていたので、私の言い換えがなければ行動できませんでした。同じ年齢の子と比べて経験していないことが多かった」

初めての「真実告知」

初めて真実告知を行ったのは、3歳のとき。

「僕はお母さんのお腹の中から生まれたの」

「そうじゃないのよ」

「じゃ、ヒヨコさんみたいに卵から生まれたんだ、ピヨピヨ……」

2回目に告知したのは、4歳だった。

「あなたは他の人のお腹から生まれたけれど、お父さんとお母さんがどうしてもあなたがほしくて。だからお母さんの心から生まれたんだよ」

5歳になると、本籍のある地方都市に連れて行った。

「ここはあなたを生んでくれたお母さんが生まれた町なの。だから私たちもこの町を好きになろうね」

「もうその話はわかったからしなくていい。お母さんの心から生まれたと聞くと寂しくなっちゃう」

幼児とはいえ、子ども心にもきちんと刻まれていたのだ。

養子縁組をしたのは7歳のときだった。弁護士を通し家庭裁判所に特別養子縁組の申し

立てをした。なかなか実母の行方はわからなかったが、やっとのことで養子縁組の件を確認すると、

「育てられないので、親権放棄してもいい」

という答えが返ってきた。

彼女が住んでいる場所は、共同トイレの古いアパートだった。トイレ掃除をして、さらに家賃を安くしてもらうような生活をしており、まさに貧困状態にあったという。経済的な困窮を考えると、自らの手で小学生を育てることは難しいと思われた。

特別養子縁組に際して、家裁の調査官はタツヤに面接をして意向を聞いた。

「僕は産んでくれたお母さんも大切だけれど、それ以上に川上（紀子さんの姓）の家の子になりたいんだ。名字の使い分けも、もうしたくない」

7歳の少年は、はっきりとそう発言した。これまでも川上の通称は使っていたが、保険証や公的な書類はすべて生家の姓で、使い分けをしながら生活をしていたのだ。タツヤはその不安定な状態から逃れたかったのである。

家に来てから14年。実子になったタツヤは、多感期まっただなかにいる。ときどき苛立ちを紀子さんにぶつけることもある。夏休みが終わろうとしていたある晩、イライラして言った。

「自分で育てられないのなら、生みの親はなぜ中絶しなかったんだ！　お父さんやお母さんみたいに子どもをしっかり育てられる力もないのに……。頑張る力がない人に産んでほしくなかった」

紀子さんが続ける。

「いつか息子から、そういうことを言われる日が来ると思っていました。そのとき、私は謝りました。『本当にごめんなさい、あなたをそんな気持ちにさせて』と。

息子は養育環境が整っていない親の家の子は、宿題をしなくても別に怒られない。でもわが家にいたら、なにやってるの、宿題は、勉強したの、と私が矢継ぎ早に聞きますよね。いちいち言われるのが耐えられなかったのだと思います。学校でもストレス、家でもストレスを感じているので、ああいう発言につながった。でも友達じゃなくて、私にぶつけてもらって嬉しかった」

養育里親、特別養子縁組で実子を迎えた紀子さん。彼女が振り返る。

「妊婦のときからお母さんと接触し、妊婦と子どもに養親、里親も安定した状況を作り出すことが先決。赤ちゃんの時期からだと、ためし行動を繰り返すことなく、もっとスムーズに愛着関係が築けるようになるはずです。生後すぐに里親委託、特別養了縁組を認める児童相談所が増えていけばいいと思います」

紀子さんは血縁関係などなくても、実子として育てられる喜びを今、改めてかみしめている。

第3章
普通の女性が「貧困女性」になる日

風俗は最後の砦《とりで》か

東京新宿区にあるインターネットカフェの個室で、幸子さん（40歳）は、2014年の10月から11月半ばまで滞在していた。

ニーハイのストッキングに黒のジャージーのワンピース。細面で屈託なく笑うとかわいらしい。ネットカフェの滞在について取材を申し込むと、念入りメークでやってきた。その姿は20代でも通るほど。美容にはこだわっている様子だ。

開口一番、「ここ数日、会話をしていなかったので、誰でもいいから人と話したかったんです。話ができて嬉しいなあ～」と切り出した。

10代で妊娠・出産の後に……

幸子さんは中国地方の町で育った。3人きょうだいの長女で、妹弟がいる。父親はトラックの運転手で、母は居酒屋を営んで家計を支えていた。どちらも気の強い父と母はよくケンカをした。それを聞いているのが子どもも心にも耐えられず、毎日耳をそばだて様子をうかがい何も起きないことを確認していた。ほとんど眠れずに朝がやってくる。そんな毎日を過ごしていたという。一度や二度ではない。母の浮気相手と一緒にご飯を食べさせられることもあり、嫌だと言えずに下を向いているようなナイーブな子だった。

転機がやってきたのは、高校卒業後。花屋で働き出した幸子さんは、付き合っていた彼の子を妊娠していることを知る。

「俺、出産費用も養育費も払えない」

「いいよ、いいよ、気にしないで」

子どもがほしかった幸子さんは産むことに迷いはなかった。お腹の子の父親を頼らずに内緒で19歳のときに出産した。子どもがいても実家に住めばなんとかなるだろうと思ったという。

幸子さんはシングルマザーのおかれている厳しさをけっしてわかっていたわけではないだろう。子どもを産んでしばらく働けなくても、実家の家族とつながってさえいれば、食べるに事欠くことはない。助けてくれるはずだ、と後先考えずに産んだのだ。とにかく子どもがほしい。早く母親になりたい。若さゆえか、行きがかり上、勢いで産んでいる。

地方の町は狭い地域社会だ。子どもの父親が何をしているか、どういう状況かはすぐに伝わるが、幸子さんが訪ねて行って認知を求めることもなければ、父親も訪ねてくることはなかったという。

父親は子どもに対して非常に無責任だ。そして幸子さんの両親は何も言わなかったのか。自分で選んだ道なのだからと、親は傍観していたのだろうか。友人も知人も、周囲は黙って見ていたのか。いくつもの疑問がわいてくる。19歳の娘が、子どもを出産して1人で育てようとしている。それに対して話し合いはなかったのか。

幸子さんにも意地があったのだろう。

「私1人の力でやってやるわよ」

そんな力強さが彼女にはある。1人でも産みたかったというところに彼女の意思があるのだと思う。家族にまつわるなにげない話をしているときに、ふと遠くを見るような目をすることがあった。本当は子どもの父親がいて、男性を頼りながら3人で暮らしたかったのではないか。人一倍、家族が作りたかった気がしてならない。

息子が2歳になるまでは母の居酒屋を手伝いながら暮らしている。しかし地方の町である。雇用がない。このまま就職先の少ない町で細々と暮らすよりも、息子のためにもお金を稼ごうと、思い切って大阪にいる友人を頼って母子2人で出て行く。

〝なんとなく〟SM店で働きはじめる

息子を保育所に預け、さまざまな仕事をした。

ある日、居酒屋でアルバイトしていると、男性が話しかけてきた。

「SMの店で働かないか」

彼女の醸し出す雰囲気がそうさせるのか。人懐っこく、しかも男性受けする魅力がある。そういう女性を夜の世界で生きる男たちは見逃さない。

「SM？　私がSMプレイをするんですか？　とびっくりしました。初めてだったのですが、やってみると女王様役に私自身がハマっちゃって、楽しくて仕方なかった。それが風俗だってことも知らずに毎晩働いて、月収も100万円くらいになる。楽しんで稼げて、こんないいところがあるのかって。お金を稼いでは実家に仕送りしていました」

たびたび両親からお金の催促が続いていた。商売をしている関係で、資金がほしいのか、借金を作っては、「もう10万円ほしい」「5万円貸して」と次々に要求してきた。幸子さんは、たまたま手元にお金があったから、求められるまま送金した。

夜に仕事が入ると、友人や当時付き合っていた男友達に子どもを預けた。昼からの仕事のときは早く帰れるので、息子とべったりいられて幸福な時間だったという。それなりに貯金も貯まっていった。

一度は結婚を考えたこともある。彼は仕事で知り合った人だったが、息子のことをかわいがり、彼の両親にもきちんと挨拶して、2人は結婚するつもりだった。

しかし5歳になった息子は「あのおじちゃんいやだ、嫌いだから」と訴えるので、結婚は諦めざるをえなかった。それ以降、彼は店に来なくなり、幸子さんはふさぎがちになっていった。気分がすぐれないので、なんでも投げやりになり、店や友達との関係もぎくしゃくしていった。

大都会の生活に疲れ、郷里に戻ることにした。

実家のある町にはSMの仕事などなく、昼は魚の卸の会社で働き、夜は母親の居酒屋を手伝って働いた。ミシン掛けの内職もやった。生活費が足りない分は、蓄えで補った。

「魚の仕事は早朝からお昼過ぎまで働いても3000円で、給料は安い。息子はやっと小学校に入り、最初は2人でアパートを借りて住んでいたのですが、母親が息子を連れて実家に帰ってしまい、結局は実家に戻ることになった。子どもを実家で育てていれば、必ず私は帰ってくる。親は、私の貯金が目当てだったようです」

「デリヘル」で働くことをすすめる実父

そのうち、父の知り合いが「コンパニオンをやらないか」と誘ってきた。父親は友人に言われるままに幸子さんに話したようだが、実態はデリヘルだった。知り合いに弱みを握られていたのかはわからない。ただ「大阪に行っていたのだから、きっと風俗もやっていたんだろう」と父の知り合いに言われたのか、実父が娘にすすめたという。

「父親の紹介だからと話を聞いたのに、デリヘルだなんて話が違うって怒って……。それを紹介する父親もどうかしていると激怒しました」

30歳前の娘を性風俗で働かせて搾取する実父がいるなんて。幸子さんの話は、ショッキングだった。成人してからも父親のコントロール下に娘を置く。身体的、暴力的な虐待の類いではないのか。

こういったことに嫌気がさして、幸子さんは子どもを母親に預けて、故郷の近くにある大きな町に移り住んだ。そこで働いたのは、東京のチェーン店のデリヘルだった。

あんなにいやで断ったのに、結局お金を稼ぐために風俗嬢になった。

一度でも、風俗で大きな稼ぎのある仕事をしてしまうと、少額でこき使われるような仕事には就けない、といわれる。幸子さんも御多分に漏れず、風俗に戻ってしまった。息子を実家で養育してもらっている以上、養育費などの送金もしなければならず、決断したという。

「デリヘルの仕事は、ホテルや自宅に呼ばれて行って仕事をします。本番もあったりなかったりしますが、でもどんな人が呼ぶかわからず、本当に怖かった。相手は変質者ではないのか。殴ったり蹴られたりしないか。ナイフなど危険なものを持っていないか。ホテルや客の自宅の密室で自分の身を守らなければいけない。毎回、恐怖の連続で、怖かったけれども、それも徐々に慣れていきました」

収入も安定していったが、また不安がよぎるようになった。息子が思春期に入ったからだ。健全な男子高校生だって、性風俗に興味を持つ年齢である。

「この先もここで仕事を続けていて、もし息子の同級生が客として来たらどうしよう。出くわす可能性だってある」

仕事を続けることに迷いが生じた。同じ頃、母親ががんにかかった。治療費もいるので今まで以上にお金はかかる。また息子は将来、東京の大学に入りたい希望を持っていたので、これからは多大な教育費も必要になる。家族のために、幸子さんは上京した。

幸子さんはデリヘル嬢の仕事の傍ら、ＡＶにも出演するなど収入は順調に増えていった。住居はデリヘルの寮のマンション。他の部屋には、かつての自分のように貧困ゆえにお金を稼ぐ目的でやってきた若い女性たちがいた。ナンバー１の幸子さんは１人部屋。朝早くから深夜過ぎまで働いては、仕送りを続けた。

「実母の死」で一気に家族崩壊

ところが不幸は突然にやってきた。

幸子さんと唯一関係がよかった母親が亡くなった。家族をつなげていた人が亡くなると、家族は崩壊していく。父親やきょうだいとの関係が悪くなり、すでに短大を卒業していた息子は、企業に就職して実家を出て行った。

実家で最後に会った日、息子は幸子さんに言った。

「お母さん、これまでずっと頑張ってきたし、僕は僕の力でこれからの人生を生きる。だからお母さんも自分の人生を生きて。結婚するもよし、選んで決めていきなよ」

息子からの、ある意味決別宣言でもあった。幸子さんにしたら「何よ、自分1人で育ってきたようなことを言って」と怒りもあったが、これからは自分1人で、自分のためだけにやっていけばいいと、気も軽くなった。

しかし意に反して、幸子さんはだんだん日常生活に支障をきたしていく。同時期、寮のマンションにも変化があった。従業員が増えていったのだ。クレジットカードの返済ができない、暮らす家がないなどと、風俗に若い女性が集まり出したのだ。かつて1人で生活していた6畳間には3人が詰め込まれた。

プライバシーが守れない。大して多くはない荷物だったが、お金、保険証や免許証など身分を証明するものや貴重品がいつ盗まれるかもわからない。疲れて寝床に倒れ込んでも気が気ではなかった。

そのうちに過食と拒食を繰り返すようになり、店に出勤できなくなった。「今日も働けないのか、働かない者はこの部屋にいるな」と店からのプレッシャーはきつかった。

幸子さんの頭に過《よぎ》ったのは「いつまで風俗ができるか」ということ。40歳を目の前にして将来への漠たる不安が押し寄せた。仕事もできないので店にも寮にも居場所がなくなっていた。ある日、幸子さんは、着の身着のまま身の回りのものを持って寮を飛び出した。

幸子さんにはそれまでなじみになっていた個人の客がついていたので、その人とホテルに泊まった。ホテルにいられないときには、ＤＶＤ鑑賞の個室に１人で泊まった。そこがその日の家だった。

夏のうちは、路上にたむろっている若者と一緒にいれば、怖い思いをすることはない。お金がないので朝までいたこともある。

「お母さん、なんで死んじゃったのよ。死ぬのが早すぎだよ」

毎晩母親を思っては泣いた。そして家族だけではなく、いつしか友達との連絡も途絶えた。

車の免許証を身分証代わりに、風俗のプロダクションに登録して、〝出会いカフェ〟で働くようになった。幸子さんら風俗嬢がお茶を飲んだり、本を読んだりしている様子を見て、気に入ったらその子を誘ってデートするというシステムのカフェだった。

「男の人って若い子にお金を払いたいんですね。自己紹介して意気投合しても、デートにまでは誘ってくれなくなりました。出会いがあると、1回1万5000円ですが、ないと2000円。風俗ではもう働けないことを実感しました」

稼いだお金を息子や母親に持っていけば、喜んでもらえたからできた仕事が風俗だったが、そのお金を喜んでくれる相手がいなければ、もはや風俗の仕事をする意味はなかった。

「さすがにこの年齢《トシ》で、風俗はキツイ」

その頃、友人に健康保険証を盗まれる事件が勃発する。

精神科に通院していた幸子さんにとっては保険証はなくてはならないものだった。毎日飲まなければいけない睡眠導入剤、精神安定剤の服用ができなくなる。持っていた薬がなくなると、最悪の精神状態になっていった。

やがて働く場所も住む場所もなくなって、ネットカフェで寝泊まりするようになった。

1日約2400円。長期滞在すればするほど安くなる仕組みだ。シャワーも洗濯機も完備しているので、なんとか生活はできる。1畳半の個室は快適とは言えないが、路上よりはいい。隣室のいびきや物音が気になってテレビにイヤホンをつなぎ、夜中息をひそめていた。

「ここにいる人はみんなギスギスしている。ドアには鍵がかからないし、上下も開いているので、簡単に他人も入ってくることができます。いつ襲われるかもわからず、嫌がらせをされることもあります。薄い壁をどんどん叩かれたりもしました。ここでは安心して眠れませんでした」

食事は店内で売っているカップ麺や焼き芋で済ませた。たまに昔からのなじみのお客さんに食事に連れて行ってもらうこともあるが、相手の商売も不景気で、しょっちゅうとはいかない。いつまでこんな生活が続くのかなと思うようになっていく。

お母さんがいれば実家にも帰れるのに――。

「こんなところで何やっているんだ、ここに落ち着いていてはだめだ」という声が聞こえてきたという。

逃げ出す方法は、社会保障に頼るしかなかった。

幸子さんは区役所に生活保護の相談に行き「とにかくここを脱出して出直す」ことを考えた。

生活保護の申請は比較的すんなり通り、バッグには夏物の服4着、冬物4着、パジャマが2着。それを持ってカフェを後にした。病院、一時保護所を経て、幸子さんは自立支援センターで暮らしていた。

そこへ会いに行くと、真剣なまなざしで話した。

「これまでの私の人生、空振りばかりだったけれど、普通の仕事でいいからお金を稼いで自立したい。資格を取って保育士になれたらいいなあ。もう二度と風俗には戻らない」

幸子さんは涙を流した。

あれから1年。数度メールをしたが、返事は来なかった。

「さすがにこの年齢《トシ》で、風俗はキツイ」と言っていた幸子さん。どこでどう暮らしているのか。

二度と風俗には戻らないと誓っていたが、連絡とれない理由は何なのか。体を治して自立して、保育園で子どもたちと遊んでいるといいのだが——。

日本社会は、一度貧困の深みに落ちてしまうと、なかなか浮上できないシステムになっている。困ったら風俗という風潮は今や通用しないのではないか。幸子さんのように風俗嬢を経て、その後にやってきた貧困はかなり深刻だ。

一生懸命働いてきて「乳がん」に……

国立がんセンターが毎年発表している新たにがんと診断される患者予測数は、98万2100人。そのうち女性は42万1800人。もっとも多い乳がんは、8万9400人に上るといわれている。

その年齢層は30〜64歳までの壮年期がトップで、20、30代までの若い世代にも広がってきた。特に30、40代、働き盛りで一生懸命働いてきた女性たちが、突然、乳がんを宣告されたら——。

聖路加国際病院ブレストセンター長の山内英子は毎日外来で診療し、週に2日、手術室で乳がん患者の摘出手術を行う。

そんな山内には忘れられない経験がある。

シングルマザーの彼女の苦悩

山内のもとを訪ねた患者は30代後半のシングルマザーの美恵子さんだった。5歳の息子を抱えて、非正規社員だったが懸命に働いていた。彼女の乳がんは、片方の乳房を全摘出しなければならない状態だったが、最初から「乳房の再建はしない」と決めていた。手術前の最後の診察に美恵子さんがやってきた。山内は美恵子さんに聞いた。

「あなたはまだ若いし、本当に再建をしなくていいの」

年齢からみても、乳房がなくなるのには早すぎる。もう一度決意を聞くために山内は確認したのだが、美恵子さんは怒り出したように言い放った。

「いいんです。これから息子も大きくなっていきます。教育費など、たくさんのお金がいります。だから、再建をしないと決めたのです。本当にそれでいいんです」

しかし、言いながら目から涙があふれ、次から次へと涙が頬を流れていった。それで山内は再度「本当にいいの？」と念を押した。

「私は胸がなくなるのは本当に怖いです。でも、再建にかかる100万円近くのお金が払えないんです……」

乳房再建手術は、現在では保険適用になったが、当時は保険適用前で全額自己負担だった。そのため高額の費用が必要になるので、美恵子さんは渋っていたのだ。

「それで私と話し合いになりました。『そんなに悲しい、怒ったような顔をしていたら、お子さんがかわいそうじゃない。お子さんにとっては、お母さんが笑顔でいるのがいちばん大切なことだと思う』と言ったのです。彼女は涙を拭いながらじっと話を聞いていました。お母さんが胸を失って、毎日悲しい顔をしていたら子どもも悲しい。子どもにとってお母さんの笑顔はお金に代えられない。だからもう一度考えてみてくださいと……」

山内は同時に、再建手術は医療ローンで対応できる場合があることを説明して看護師につなげた。医療ローンとは、病院が提携しているローン会社との間で契約を結び、何回かに分けて支払えるようになっている。この説明を受けて、最終的に彼女は再建手術を決意した。

山内は術後に彼女の病室を訪問した。すると次のように言葉を返してきたという。

「先生、あのときにもう1回言ってくださってありがとうございます。再建して本当によかった。手術後に目が覚めて胸がないと思ったら、昨晩怖くて眠れなかったと思う。だから本当に再建してよかったと思う」

女性にとっての乳房は、やはり特別なもの。手術から目覚めたときに、乳房がないストレスや恐怖はたとえようがないだろう。

「それなのに、治療費を理由にあきらめなければならないのはとても辛いだろうと思うのです。患者さんには再建を希望する人、しない人もいます。そして再建できる人、できない人もいます。でも費用を理由に、その選択肢を狭めて自分を無理やり納得させなければならない状況を見ていられなかったのです」（山内）

お金があれば救われる？　乳がん治療

タレントの北斗晶が乳がん手術、治療をしているために、注目が集まる乳がんだが、現在、乳がん治療の医療費は、どんどん高額になってきているという。

術後10年経てば一応の緩解《かんかい》と言われる乳がんだが、治療が長期に及ぶことで金銭的にも精神的にも負担は尋常ではない。しかも健康保険では対応できない自由診療の治療薬も出てきており、どれだけ収入があるかによって受けられる治療も違う。

もちろん医療費が、ある一定以上の支払いになると免除される高額療養費制度や、確定申告すれば税金が還付される医療費控除などの助成制度があるが、治療も自分でカスタマイズできる時代がやってきたのである。

いったい乳がん治療にどれくらいの費用がかかるのかを調べた。『ピンクリボン．ｎｅｔ』によれば、次の通り。

手術療法（10日間入院）　総額約65万円、３割負担で約20万円。
放射線療法（25回で）　総額約30万円、３割負担で約９万円。
化学療法・ＣＭＦ（６ヵ月）　総額約10万円、３割負担で約３万円。

化学療法・AC＋T（6ヵ月）　総額約70万円、3割負担で約25万円。
ホルモン療法・抗エストロゲン剤（5年間）総額約85万円、3割負担で約26万円。
LH―RHアゴニスト製剤（2年間）総額約135万円、3割負担で約40万円。

そのほか、乳がん予防治療のハーセプチンなどは、投与の方法や体重によって変わるが、3割負担、体重50kgで、初回が5万8000円、2回目以降は4万1000円ほどだというが、投与回数が多ければ多いほど、もちろん費用もかさむ。

45歳で、右側の乳房にがんが見つかり、温存療法などの治療をした光子さん（53歳）は、貯金が半分になったと言う。将来、結婚しないかもしれないと、30代から貯蓄に励み、残高は1000万円を超えていた。ところが思わぬ乳がんの治療。放射線治療や予防治療で、残高は600万円を切った。生命保険での補填などはあったが、この先、いつまで続くのか。「老後のための資金がなくなり、不安は尽きません」。

山内が座長を務めた厚生労働科学研究費補助金による『キャンサーサバイバーシップ』の中に「がんの罹患による労働損失」という研究がある。国立保健医療科学院研究情報支援研究センターの福田敬によるもので、がん全体、最大では1兆3791億円の労働損失があるという。

というのも、がんにかかる社会的な費用は純粋に医療費だけではなく、がんにかかってしまい仕事ができなくなることでも、社会全体に対して多大な影響が及ぶのである。

「乳がんの場合、入院や検査などの受療日に仕事を休むという労働損失もありますが、それ以外にも、抗がん剤を受けていれば、その影響や副作用で、仕事に行けない日も出てきます。ですから受療日以外での損失もあるのです。

女性では乳がんがいちばん多く、そこで乳がんにかかった患者さんに、何日くらい働けなかったかを調査し、それを推計すると、乳がんだけでも、１０４２億円の労働損失があるということがわかった。この人たちを何とかケアしないと社会的な損失も大きい。乳がんは社会問題なのです。乳がん患者の仕事復帰のために就労問題をきちんとしていかなければ、将来的に大変なことになります」（山内）

がんにかかった人の退職率21％

日本の労働の現状では、非正規雇用は、雇用者全体の37・4％となっている。派遣社員や契約社員など就労形態が不安定な人が多く、がんの治療費がかかるとなると、家計への圧迫も深刻だ。

九州がんセンターの調査によれば「がん患者の7割以上の人が、がん治療費が負担になっている」という。

厚労省のがん対策推進協議会のアンケートによると「費用の負担が原因で治療を変更あるいは断念したことがある」という人が2・6％いるそうだ。がん治療は、治療を断念すれば、命にかかわる危険性もあるのだが、実際には治療を断念しているのだ……。

そんながん患者のお金の不安を少しでも緩和しようと、患者が利用できる助成制度などの情報をまとめた、インターネットサイト『がん制度ドック』が開設されている。1日平均して100件以上ものアクセスがあり、診断名、家族構成、治療方針等を入力すると、使える制度が分かるというシステムだ。

作成しているのはNPO『がんと暮らしを考える会』。理事長の賢見卓也は「がん治療の助成制度は複雑で、しかも手術や治療で精神的にも肉体的にも大変な時期に、自分で申請しなければならない。そのため多くの人が利用の機会を逃している」と分析する。そんな現状を少しでも変えてがん患者を支えたいと、社会保険労務士やファイナンシャルプランナーなどが集まって、ネットの窓口を作ったのだという。

「働く世代の方にとって、がんになってもいかに仕事を続けて、収入を絶やさないようにするかは、とても重要なことです。例えば、がん治療に毎月3万円の医療費がかかったとします。3万円なら意外に安いと思われるかもしれませんが、月収30万円の人の3万円と、治療で仕事を休みがちになり、収入が20万円になってしまった人の3万円とでは同じ金額でも重みがまったく違います。収入は減っても、月々の決まった支出は変わらずに出て行く。家賃や住宅ローン、子どものいる家庭は、教育費もかかります。そのため、生活が苦しくなったと感じていくのです」（賢見）

東京都のアンケート調査によれば、がんにかかった後の退職率は21％。雇用形態別にみると、派遣社員がいちばん多く50％。派遣社員の半分ががんを機に離職しているのだ。

「派遣から正社員になれるチャンスだったのに、乳がんが分かり不本意ながら辞めたという人もいます。もちろん職種にもよりますが、立ち仕事が多い、重いものを持つ職業だと体力的に厳しい。さらに治療中だと再就職も困難です。働くことは生活に直結しているので、その人が使える制度をなんとか見つけて提案しています」

「一括でもらえるがん保険に入っていたり、蓄えがあったりしても、それを取り崩して使い、何年後かに再発した場合は、かなり困窮していく現状も見えます」

と同会に所属している社会保険労務士は相談の現状を話す。

経済的な問題をどうしたらいいのか、仕事は続けるべきなのか。辞めて再就職するときは乳がんのことを話すべきなのか。乳がん患者はさまざまな労働問題に直面しているのだという。

病気になっても、貧困にならないためには

ごく普通の人でも貧困に陥りやすい要因にあげられるのが、病気だ。病気になっても貧困状態にならないようにするためにはどうしたらよいのだろうか。

滞米経験の長い山内は次のように日米を比較する。アメリカでもがん患者の金銭的な問題はこれまでも取り上げられていて、高価な治療費を保険でどこまでカバーできるのか。受けたいけれど金銭的に受けられないといった問題も噴出しているという。

「しかし、アメリカには、家でも企業でもない〝サードコミュニティー〟があって、がんの治療費が払えないとなると、アメリカンキャンサーソサエティーとか、地域の教会が寄付を募るとかをして、治療費を補助したりします。がん患者の子どもが困窮状態にあれば、それをサポートする。子どもの精神状態が不安定になっているのに、仕事や治療で多忙な母親が子どもの面倒がみられないとなると、いいよ、子どもはわが家で預かってあげる、などと声がかかる。学校や仕事場と家庭という2つの場だけではなく、第3の場があるのは患者さんや子どもにとって精神的なストレスを緩和してくれます」

日本はどうだろうか。生活保護はなかなか受けられない上に、他人に助けてもらうことに慣れていない。ましてや近年は親族ですら疎遠になっている。シングルマザーで乳がん

の人が、金銭的な余裕もなく、誰からも助けを借りられず、また本人も誰にも助けを求めない。

「人とつながれない人間関係の貧困が、女性や子どもの貧困をどんどんエスカレートさせていくのだ」と山内は感じている。

医療の現場で、患者が金銭的な問題で困っているかどうかは、なかなか見て取れない。身なりを見ても、明らかに貧困だと感じる人は少なく、自ら経済的に厳しいと告白する人はいない。それを問診票などから看護師や支援者が読み取り、「シングルマザーです」や「非正規社員です」などといった会話から推測して、支援につなげようとする動きが出てきている。

厚労省も働きながらがんの治療をする人の支援に乗り出し、がん診療連携拠点病院のがん相談支援センターにスペシャリストを配置して、患者の相談にのるシステムが構築されつつある。

聖路加国際病院相談支援センターがん相談支援室では、がんの治療とお金について考える『おさいふＲｉｎｇ』と、がん治療と仕事を両立するために『就労Ｒｉｎｇ』を定期的に開催している。

特に『就労Ｒｉｎｇ』では、がんと診断されたときの治療に関する情報や制度、通院しながら働くことへの就業規則など整理しておくべき問題、休職中の過ごし方、再発してからの働き方など、患者が直面するであろう問題について、看護師や社労士がファシリテーター（支援・指導をする人）として協力し、また当事者同士の話し合いによって問題を整理していく会を設ける。

同相談支援室アシスタントマネージャーの橋本久美子は次のように言う。

「出席者は単身者が多く、ひたすら仕事だけをやってきた女性です。朝イチで職場に行き、夜も終電間際まで仕事をしている、まじめで頑張り屋さん。一生懸命やってきたのにがんになり、どうして、私が？　とストレスを感じています。中には正社員の女性もいますが、最近はやはり派遣の人が多く、雇用は不安定ですが、仕事は自分のよりどころなので、なんとかして働きたい、と望んでいます」

当事者の方同士の話は、非常に具体的で、副作用の問題をこうやって軽減した、会社の上司とはこうコンタクトしたなど、経験した人でしかわからないこともあり、専門家の力を借りながら、患者さん同士がつながることを病院は求めている。

お金が払えないから治療は中止せざるをえないという社会であってはならないはずだ。

大学は出たけれど、奨学金が返せない

厚生労働省の「国民生活基礎調査」（10年）によれば、働く世代（20〜64歳）のシングル女性の3人に1人が貧困状態にあり、働いても追いつかないワーキングプアの中にいる。親からの貧困の連鎖を食い止めるためには、高校やあるいはその上の大学卒業を目指す人は多いが、高校入学から大学卒業までにかかる費用は平均1055万円といわれる今、家庭の経済力だけでは学費が賄えない人は年々増える傾向にある。

奨学金は立派な「借金」

経済的に自力では困難だが、大学で学びたい人にとって、それを後押ししてくれるのが奨学金だ。しかし奨学金といっても「給付型」と「貸与型」では大きく違う。「給付型」はその名の通り、支給されたお金は返還しなくていい。ただし学業成績が優秀であることなど、厳しい条件が課せられ、資格を得るには狭き門である。

一方、「貸与型」は、卒業後の返還が必要で一定の条件をクリアすれば誰でも受給できる。そのため、ほとんどの受給者は、この「貸与型」なのである。

厚生労働省の国民生活基礎調査によれば生活が苦しいと感じる世帯の割合は、62・4%と過去最高。奨学金を借りなければ大学に行けない人が年々増える傾向にある。

「貸与型」の奨学金の最大手は国の教育事業の一環として、日本学生支援機構（元日本育英会）が運営する奨学金だ。現在、日本学生支援機構の奨学金を受けている大学生は、全学生の38・5%におよび、2・6人に1人の割合になっている。日本学生支援機構では、無利子と有利子の奨学金を貸与している。そのほかにも民間の銀行や信販会社の奨学金ローンや、企業や自治体が運営する無利子のものもある。

さて、同機構の無利子の奨学金は、大学が国公立か私立か、自宅通学か自宅外通学かにより、月額が決められている。無利子で借りても、それだけでは費用が足りず、有利子を併用している学生も多い。

また奨学金を借りるには、保証が必要で、原則として父母の連帯保証人に、おじ、おばの保証人を定める「人的保証」と、一定の保証料を払って保証機関が連帯保証する「機関保証」のいずれかを選択しなければならない。

たとえば国立大学に入学した学生が、下宿から通学し、無利子の奨学金を借りた場合、月額5万1000円を受け取れる。4年で約245万円になり、月々1万3600円を15年かけて返済していくことになる。さらに有利子で借りた人は、金利が加算され、無利子と有利子を最大限利用すると、返済額は月々約4万円にものぼる。

しかし奨学金は立派な借金である。この返済額を抱えて、奨学生は社会に出ていくのだ。

延滞金は100万にまで膨らんだ

東京都に住む、アルバイトの久美子さん（35歳）は、20歳で大学進学を果たした。その際に、日本育英会（当時）から無利子と有利子を併用し毎月5万円ずつ、計10万円の貸与を受けた。大学4年間でその累積は、465万円。これを20年かけて毎月2万円ずつ返済していく計画だった。

久美子さんは実家暮らし。飲食店を経営しており、父と兄とともに切り盛りしていた。

「卒業して就職すれば、月に2万円なら簡単に払っていくことができると思い、父を連帯保証人にして、なんのためらいもなく借りたのです」

ところが祖父が亡くなり、事態は急変する。店も家も祖父名義だったために、父方の兄弟で遺産あらそいが勃発。相続の問題がこじれて裁判にまで発展した。将来の不安に卒業論文のストレスが重なって、久美子さんは精神的なダメージから軽いノイローゼ状態になり、約半年遅れで大学を卒業した。

派遣社員として会社で働き出したものの、店の経営は悪化。生活は苦しかった。そのうちに遺産相続の裁判が決着。結局、家も店も手放さざるを得なくなった。

兄は職を失ってフリーターに。生活保護を受けることになった父は、その後病気で倒れ、入院してしまう。

それまでにも日本学生支援機構からの奨学金返済の督促の手紙にはうすうす気づいていたが、心身ともに追い詰められていた久美子さんは対応できなかった。

「兄と住む部屋の家賃や生活費で手いっぱいで、2万円の返済はとてもできない。相談する人もいなくて、きちんと就職してから払おうと思って、放っておいてしまった。今思えばこのときに何らかの対応をしていれば、と反省しています」

一般的に奨学金返済が滞ると、遅れた日数に応じて、年利10%の延滞金（当時）がかかる。久美子さんの延滞金は100万円以上にも膨れ上がり、督促の電話やはがきが入るようになった。しかも返済未済額全額一括返済だった。久美子さんは2万円でも返済不能なのに、一括返済を求められても、どうしようもなかった。

しかも勤務先の派遣会社からは、2ヵ月後に迫っていた次の契約更新はできない旨を通知された。

そこで同機構に現状を説明したところ、返ってきたのは「通常の2倍の4万円を月々払い、残りを10年で完済してください。このままだと裁判所に申し立てを行い、強制執行になります」という非情なものだった。

慌てて弁護士に相談。アドバイスに従って、これまで低所得であったこと、腰痛や頭痛に悩まされて体調不良が続いていることなどの事情を綴って同機構に提出。

「けれども何の音沙汰もなく、半年後に突然、裁判所から呼び出しと、500万円の一括請求の支払い督促命令がきたのです」

久美子さんが裁判所で異議申し立てをすると機構の弁護士から和解案が示された。

「事情を考慮して最初の2年間は月5000円、その後の18年間で月2万7000円を支払うこと。2回返済を怠ったら、一括請求します」

和解をためらっていると、裁判官から叱責された。

「今や1日、1万円は稼げます。あなたは返す気がないのでしょう」

何を想定して1万円は稼げますと言うのか。1日1万円が稼げる仕事とは、果たして何なのか。少しずつでもきちんと返したいと思っていた久美子さんにとって、ショックな一言だった。後日、裁判の担当者は久美子さんが送った事情書に目を通していなかったことも判明する。

「裁判以来ずっと〝返済〟のことが頭を離れず、頭痛がする日々。20歳のときにもっと慎重になっていたら……。どうして安易に借りてしまったのでしょうか」

同機構によれば、3ヵ月以上の延滞者は、18万7000人いる。奨学金アドバイザーの久米忠史は次のように分析する。

「車や家は、ローン返済が厳しくなったら売ればいい。売ったお金で借金は圧縮できます。しかし、教育にかかる奨学金は、卒業後の状況がまったくわからないまま貸与され、今の時代、大学を出てものぞむような大企業に入れるとは限らない。状況によっては返済できない状況にもなります。それが奨学金問題なのです」

若者の人生の未来を救いも、奪いもする制度

「奨学金問題対策全国会議」の弁護士、岩重佳治のもとには全国から奨学金で悩む、多数の声が寄せられている。

「病気のため非正規で働きながら生活保護を受けています。卒業後、何の請求もなく突然請求がきた。月々1000円から2000円を18年返しているが延滞金に充てられて元金が減りません」

「私は自己破産していますが、連帯保証人である母が返済しています。母は高齢でいつまで働けるかわかりません。私には障がいがあって働けないので母を助けられないのです」

「娘が高校から大学院まで約400万円の奨学金を借りました。将来、支払いが苦しくな

った場合に、どうしてよいかわからず心配です」

「奨学金の問題は、実は構造的に生み出されているのです」と岩重は言う。

年々値上がりしていく大学の高い学費。その一方で収入が減り、低賃金の非正規雇用が増え、奨学金の延滞者の8割以上が年収300万円以下なのだ。そして延滞すると、返済金の充当順位が延滞金、利息、元金となる。毎回の返済額が延滞金や利息の額に満たない場合には、返しても元金が減らないシステムになっているのである。

岩重は話す。

「これでは誰もが返済困難に陥るのは当たり前。返済できないのは自己責任ではない。保証人に迷惑をかけたくないとみんなまじめに返している人が多いのです」

ペナルティは延滞金だけではない。延滞が3ヵ月以上になれば、個人信用情報機関に登録される。いわゆるブラックリストに載ってしまい、クレジットカード使用が制限されたり、ローンが組めなくなったりしてしまうこともあるのだ。

15年2月、福岡県に住む40歳のフリーターの男性が、奨学金返済に悩み、自己破産を申請した。

岩重は「自己破産できる人はまだいいのです」と指摘する。奨学金を借りる場合、前述したように申し込み時に「機関保証」か「人的保証」のいずれかが必要になる。前者は保証機関に一定の保証料を払って保証してもらうが、後者は連帯保証人と保証人を定めなければならない。連帯保証人は父母、保証人はおじおばなどの親族に依頼することが多い。

「人的保証」を選んだ場合、本人が返済できなくなると、連帯保証人や保証人に返済が降りかかってくる。しかし、そのときすでに親は60代以上の高齢者で年金暮らしになっていることも少なくない。

「これからは、本人と連帯保証人、保証人の3者が自己破産を申請しなければいけないケースも増えそうです」

そう岩重は指摘する。また心情的に自己破産は避けたいという人も多い。「自己破産は世間体が悪い」「代々の土地建物を所有しているので自己破産できない」という声も聞く。

久美子さんも自己破産には抵抗があるという。

「苦しい中で一生懸命返している人もいるのに、借金を踏み倒すようなことはできない」

しかし、岩重は言う。

「今、目の前に困難なことがあるならば、まずは自分の生活や命を守るべきです」

返済がネックになって、若者のたくさんの選択肢を奪っている。自己責任論では片づけられない雇用の問題をはらんでいる以上、当事者の声に耳を傾けることも必要だと思う。

コラム　シングル中年女性の不安——「私たちいつまで働き続けるの？」

「男女雇用機会均等法」から30年。15年8月に『女性の職業生活における活躍の推進に関する法律』が可決成立した。〝女性が輝ける社会を〟という安倍政権だが、この法律によって守られるのは、一部のハイパー・キャリアウーマンだけではないだろうか。

これまで日本は、男性社員が主で、それを女性社員が補助的にサポートするという働き方でやってきた。均等法から男女とも平等の旗印の下でやってきたものの、女性は育児との両立で疲れ果て、男性と同じように働いていても生涯賃金は6割程度でしかないし、昇進もそれほど認められてこなかった。そんな中で正社員を目指すのは、ベストな選択なのだろうか。女性たちの働き方を聞いてみた。

会社員の栄子さん（40歳・仮名）は大学を卒業して教師になりたかったが、夢破れて上京。定職には就いたがアルバイトだった。その後は人材派遣会社に登録し、派遣社員として仕事をしたが、いずれも有期で、いくつかの会社を渡り歩いた。

「正社員にならない？」

そう声をかけられたのは、37歳のとき。彼女の丁寧な働きぶりを評価した知人の紹介だった。

「派遣や契約社員で働いていても先が見えない」と思っていた栄子さんは申し出にとびつく。「東京でひとり暮らしをしているのを心配してくれている母親を安心させたかった。そして何より独身の私自身が安定を求めたかったのです」

ところが正社員の栄子さんを待っていたのは、想像以上に多忙で過酷な職場だった。彼女が勤めたのは20人ほどのリサーチ会社。本来は午前9時始業、午後5時退社という就業規則はあるものの、ほとんど毎日午後10時、11時の退社になった。

毎週の休みは規定上2日あるものの、どちらか1日は出勤している状態だという。

管理職ではあるが、部下はパートの女性3人。パート社員の働き方や残業代を考えると、自分が代わって動かなければならない。会社はパートができなかった分を栄子さんが処理するのが当然というスタンスだから、ついつい遅くなってしまう。

「管理職として残業代は30時間分はつくのですが、気づいたら50時間になっていたということもあり、毎月サービス残業です。この春からはずっと忙しい状態で……。疲れ切っています」

自宅には寝に帰るだけ。夕食はコンビニでビールとおつまみを買い、それで済ます。そして次の日会社に行く。そういう繰り返しの毎日だ。

契約社員だった頃の年収は、300万円以下。現在の収入は、きちんと明かしてくれなかったが「もちろん、それ以上はありますよ」と声は明るい。安定した収入を得られる一方で、いつも「しっかりしなきゃ」「周りを見て次なることを考えなければ」といった重圧に悩まされている。

「契約社員の時代はお金に余裕はなかったけれど屈託がなくて楽しかった。ではなぜこんなに厳しい選択をしたのか、と入社以来ずっと悩んできました。でも正社員になれるチャンスがあるのなら、なっておいたほうがいい。独身の私が将来のことを考えて出した結論です」

栄子さんの心中は複雑だが、何かを得るためには、何かを犠牲にしなければならないことがわかった、という。

男性が一貫して自分の理想を追求してキャリアを築いていけるのに対し、女性の場合は個々の状況によって違う。未婚、既婚、子どもあり、なし。介護中か、そうでないか。男性以上に女性の生き方は多岐に渡り、しかも負担が大きい。

非正規社員が約4割の現在、一様に求められるのは正社員だろうか。むしろ生き方に応じて多様性のある働き方を保障する受け皿を作っていくことが急務だと思う。

第4章
「無戸籍」という問題

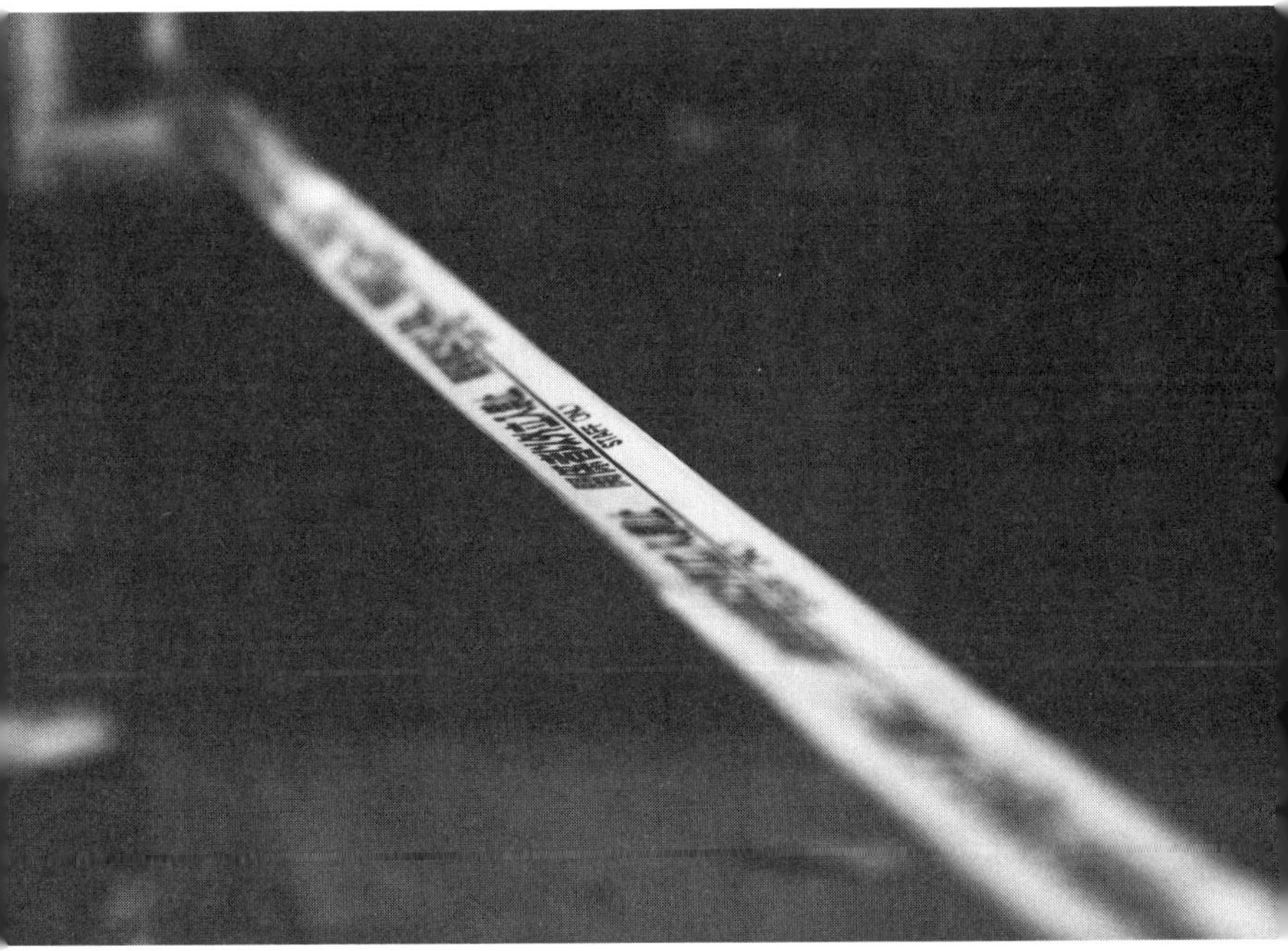

なぜ彼女に「戸籍」がなかったか？

「裁判を支えてくださった皆様に感謝しています。たった1枚の紙きれですが、やっとお母さんの子になれました。これからはあきらめていた夢を1つずつ叶えていきたい」

2015年2月16日、居住する埼玉県の市役所で、念願の戸籍謄本を手にした、なつおさん（33歳）は、静かにしかしきっぱりとそう話した。

手にした戸籍の父の欄は空欄。母の欄には、実母（75歳）の〝長女〟の文字があった。日本では出生届を提出すれば必ず与えられるはずの戸籍。しかし生まれてから33年間、なつおさんには戸籍がなかった。

「この国に存在しない」という不安

戸籍とは自分自身の公的な存在を証明するものだ。戸籍がなければ住民票やパスポート、自動車免許証、健康保険証などが作れず、身分証明ができない。病気や怪我の治療もすべて自由診療になるほか、予防注射などの行政サービスが受けられない。

また銀行口座の開設も、自分名義の携帯電話も持てない。すべてＩＤで管理されている社会では、ビデオ店の会員カードのような簡単なものまでも作れないのである。そのため、それまではなつおさんの銀行口座は甥の名義、携帯電話は友人名義のものを使用していた。戸籍を手にいれてから1ヵ月後。なつおさんは言った。

「自分ってなんだろうか。ここにいて名前もあるけれど存在しないのと一緒だったのです」

無戸籍になってしまうのは、次の4つのパターンがある。

①子どもの出生届を提出することが不利益になるので、ネグレクトで提出しない。
②そもそも戸籍制度に反対しているので提出しない。
③もともと戸籍があったのに、認知症の徘徊等で、戸籍がわからなくなっている。
④いわゆる民法の772条の2項による300日問題で、離婚してから300日以内の出産、もしくは離婚が成立しない間に、別の男性との間に生まれた子どもは、自動的に前夫の子になるので届け出ない。

そして、いちばん多いのが④のケースだ。

無戸籍者を支える『民法772条による無戸籍児家族の会』の井戸まさえ代表によれば、現在日本には、諸事情により戸籍のない人が1万人以上はいるという。

法務省は15年1月、無戸籍者は533人と発表しているが、自治体の回答率はわずか16％で数字をうのみにはできない。

そこで無戸籍を解消するために必要な家庭裁判所での調停、裁判に着目し、それが不成立、取り下げで無戸籍になった件数を調査すると年間500件以上あった。

「無戸籍は病院出産が自宅出産を上回る1965年から顕著に表れ、少なく見積もって直近の20年をかけても1万人。男性は子どもの認知を自分の意思でできるのに、女性はこの772条の規定で、わが子だとわかっていても認めてもらえない。無戸籍には女性特有の背景があるのです」（井戸）

遺伝子上の父の子とするためには、前述のように調停、裁判が必要で、さらに前夫に「自分の子ではない」と認めてもらう必要がある。しかし、前夫からDV被害を受けて避難している場合だと、居場所を知られることを怖れて言い出せないのである。

DV被害と「無戸籍」の深い関係

なつおさんが無戸籍になったのも、④のケースだ。時は彼女の出生前にさかのぼる。前夫からひどいDV被害を受けていた母親は、子どもたちを連れて兵庫県から埼玉県へ移住。

1981年、避難生活を支えてくれた男性との間になつおさんが誕生するが、前夫との離婚が成立していなかった。

そのまま出生届を出せば、戸籍には前夫の子として記載されてしまう。母親は役所に事情を説明し相談したが「離婚が成立していないので、前夫が自分の子ではないと認めなければ、無理です。裁判所に行ってください」。

何とも杓子定規なもの言いである。しかし30年以上前は、こんな受け答えしかできなかったのである。

現在は、無戸籍の問題が顕著になるにつれ、2007年、法務省の通達で、300日以内の出産でも、離婚後に妊娠した場合に限り、医師の証明書があれば、現夫を父とする出生届を可能にするとしている。が、行政の不勉強で相談を門前払いしたり、このことを知らない保護者も多い。

文部科学省は、無戸籍になった子どものうち、義務教育を受けている141人の就学状況調査結果を公表した。34・8％に当たる49人が財政的な就学援助を受けていた。

就学していた141人のうち、生活保護世帯などを対象に、国が就学援助額の2分の1を負担する「要保護」に認定されているのは、17人で12・1％。生活保護に近い状態であると市区町村が認定する「準要保護」は32人で、22・7％だった。これを全国で比べてみる。12年度の全公立小中学生約992万人対象の調査では、要保護1・54％、準要保護

14・10%だったので、無戸籍児の生活困窮度はいかに高いかがわかる。

調理師の夢もあきらめ、部屋も借りられない

なつおさんの話に戻ろう。母親は「自分の子ではない」と前夫に認めてもらうのが最善の策だとわかってはいたものの、連絡をとって居所を知られ、もう一度かかわり合いになるのを嫌がった。そのため出生届けを提出せず、なつおさんは母親の手で育てられた。

なつおさんは「自分に戸籍がない」と意識したことはなかったという。というのも一般には、住民票の登録がないと就学届は送られてこないのだが、母親が行政に掛け合い、なつおさんは小、中学校とも通学が許された。

初めて意識したのは、中学2年生のとき。修学旅行で保険証のコピーが必要になった。それを母親に告げると——。

「あなたに保険証はないの、そもそも戸籍がないから……」

予期せぬ言葉だった。学校側のサポートで、なつおさんは修学旅行に行けたが、多感な時期に「無戸籍」と告げられ、ショックは大きかった。

経済的な理由で高校には進めなかった。仕事に就こうとしたが、身分を証明するものがないため、ことごとく落ちた。

19歳のときに、身分証を求められない雑貨店でアルバイトを始め、のちに居酒屋の仕事へ移った。料理の才能を認められ、上司からは「調理師免許をとったらどうだ」と勧められた。料理の面白さに目覚めたなつおさんは、調理師免許取得に動くが、免許取得には、戸籍抄（謄）本か住民票が必要だった。

「戸籍がないと取得できないことがわかって調理師への夢をあきらめざるをえなかった。他のきょうだいは戸籍があるのに、なぜ私だけ……と母を責めたこともありました。血のつながらない前夫の戸籍でもいいから戸籍がほしいと詰め寄りました。

それでも母は『それだけはできない』と言う。私の力ではどうにもならなかった」

戸籍を巡って毎日続く口論。友人との間でもちょっとしたトラブルもあった。

「実は私、戸籍がない」と打ち明けた友人が周囲に「あの子戸籍がないんだって」と言いふらしていた。絶望と裏切りが重なり、なつおさんは睡眠薬を大量に服用して、川に飛び込む自殺未遂事件を起こした。気がついたときには岸に這い上がり、命を取り留めたものの、毎日けんかが続く家にはもういられなかった。

住民票がなければ部屋も借りられない。友人の家に同居させてもらいながら、ラブホテルの清掃をして、1日10時間働いた。給料は12万円程度。まじめに働くなつおさんに上司は「正社員にならないか」とすすめてきた。しかし無戸籍であることをカミングアウトできずに、正社員への道をあきらめた。

「今後も無戸籍のまま、アルバイトを続けていてもいいのか、30歳過ぎて焦りました。市役所に掛け合っても『成人は年月が経っているので資料がなくて難しい。法務省に行ってくれ』と取り合ってくれず、担当者が代わると一からまた説明を繰り返す始末。母も私も疲れてあきらめかけました」

「やっと国民になれた」

動き出したのは13年。たまたまインターネットで『無戸籍児家族の会』のサイトにいきついた。仕事が終了した午前3時、自分の状況を説明するメールを打つと、すぐに返信が来て、担当者と面談、会に携わる弁護士と戸籍取得の手続きを開始することができた。

母親の戸籍に入るには、母子関係を証明する資料が必要になる。なつおさんの場合は、小中学校の卒業証書、小さい頃からの写真。そしてへその緒を提出した。

「生まれた産院がなくなっていて、出生証明書がなく、へその緒が唯一母子関係の証拠でした。このへその緒は、姉が〝とても大事なものだから〟と転居を繰り返す中でも、ずっと持っていてくれたものでした。

一時期は、母が前夫と掛け合ってくれないのは私が母の子ではないからではないか、と疑ったこともありましたが、これで母子関係が確認できてほっとしました」

14年4月、検察官を被告として、母の前夫と親子関係がないことを求めて神戸家裁（父親が神戸に居住していた）に提訴した。

その裁判のさなかの5月、無戸籍でも住民登録を認めた08年の総務省通知に基づき、住民基本台帳カードが発行され、住民票を取得できた。裁判は積極的な反証もなく、9月の判決を迎えた。

「前夫との親子関係はない」

そう立証されて勝訴した。

前夫がすでに亡くなっており、実父も行方不明でDNA鑑定ができず、母親の証言のみで母親の子であることを推定した。また決め手になったのはへその緒だった。

「子どもの頃に届け出ていれば、成人して私のように困惑も葛藤もなかったはずです。長くかかった分、母も私もこみあげてくるものがありました」

幼少の頃なら、出生証明書やへその緒など、母子関係を証明するものを比較的簡単に入手できるが、無戸籍状態が長期に及ぶと紛失等があって難しいのである。

普通の人が当たり前に持っている戸籍。だが、何ら本人に責任のない事情で戸籍取得できなかった子どもたちは、理不尽にも人生を翻弄されてきた。勝訴した会見で「やっと国民になれた」と話したなつおさんの一言は重い。

関東地方に住む正子さん（33歳）にも戸籍がない。無戸籍になったのは、母親が前夫から酷いＤＶ被害に遭い、それを慰め続けた父親と、駆け落ち同然に関東地方に引っ越したことに端を発する。

やがて離婚が成立しないまま、母は正子さんを妊娠、出産。出生届を提出しに市役所に行くと「ここでは受領できないので、家庭裁判所に行ってください」と拒絶され、言われるままに訪れた家裁では、「離婚が成立して、親子関係の存在を確認できなければ、前夫の子になります」と。前夫との接触を嫌った母親は、それ以上申し立てすることはできず、提出をあきらめた。

幼稚園には事情を話して通園できたが、両親は「戸籍がなければ小学校に通わせることは無理だ」と判断した。自治体によっては相談のうえで通えることはあったが、両親は知らなかった。

結局、無戸籍であることを周囲に悟られないように、小学校入学前に引っ越し、その先では年齢をごまかしながら、未就学の子と遊んでいたという。しかし、その子も、入学してしまう。

正子さんは「どうして私は小学校に行けないの」と何度も両親に尋ねた。

「父に聞くと、お母さんに聞きなさい。母に聞くとお父さんに聞いて……とはぐらかされました。困った顔をしている両親の様子に、子ども心にも、このことは聞いてはいけないんだと感じていました」

学校に行かない代わりに、母は教科書やドリルを買ってきて、父が帰宅すると勉強を教えてくれた。

しかし10代後半になると不安が押し寄せた。

「どうして私は普通の人と同じ人生が歩めないの」

精神的に追い詰められてしまった。いつも心にあったのは、町で警察に職務質問されたとき、「自分自身で身分を証明するものが何もない」ということ。

「無戸籍であることが知られれば捕まってしまうかもしれない。名前は名乗れても、それは所詮、仮の私でしかないんだと思いました」

20歳前、正子さんは歯が痛くなって歯科医に行った。そこで保険証がなければ自由診療で、高額の医療費を払わなければならないことを初めて知った。父に「保険証を作って」と頼むと「作れない」と言う。

「学校にも行けなかったし、保険証も作れないってどういうこと」

正子さんが意を決してそう言った。

「私は戸籍上は前の夫と結婚していることになっていて、離婚しないからあなたの戸籍が作れなかった。だから保険証も作れない」と母親は返してきた。初めて原因が判明した。年々老いていく両親。それまでは父親の収入で生活してきたが、この先どうなるのか。いつまでもこの状態が維持できるのかわからなかった。私が働くべきではないか。

「両親には戸籍を作ってほしいと何度も言いました。しかし2人とも私に罪悪感があり、世間には娘が無戸籍であることを言うのも恥ずかしいと、そんな言葉しか返ってきませんでした」

ところが事態が動いた。母も決意して前夫に署名捺印した離婚届を送付したのだ。すると、母の長女で正子さんの義姉が、父に署名捺印させた離婚届を送り返してきた。

「お互いに自由になりましょう」

手紙にはそう記されていた。

14年、母の離婚が33年ぶりに成立。無戸籍関係は一歩前進したかに見えた。正子さんは前出のなつおさんの存在を知り勇気づけられた。自治体の窓口に行き、これまでの経緯を説明するが、「凄い人が来ている」と白い目で見られ、母親の離婚が成立しても「前夫の了解が必要」との一点張り。法テラス（日本司法支援センター）に行っても「管轄外です」と着手してもらえなかった。

「専門家でもどうしようもないのか、問題の大きさを改めて感じました。苦しくて悲しくて……。それで新聞に出ていた無戸籍児家族の会に、話だけでも聞いてもらおうと連絡をとったのです」

会では事情を聞き、調停、裁判の手続きをとって戸籍取得に向けて弁護士につなげてくれるという。さらに働きたい意向を持つ正子さんにはパートの仕事も紹介してくれた。とんとん拍子で社会復帰が進む。家裁には、母子手帳、へその緒、小さい頃からの写真を資料として陳述書とともに提出した。

一般的に考えて、正子さんは実父と住んでいるのでDNA鑑定をすれば、即、父子関係が認定されるように思うが、それを阻んでいるのが、判例だ。

14年7月、最高裁は「DNA鑑定という科学的根拠があろうとも、民法に規定された法律上の親子関係を取り消すことはできない」と判断した。1、2審の「取り消すことはできる」との判決を覆したのだ。そのため、DNA鑑定ではなく、従来の手法、母子関係を認定していくことになる。

「小さい頃は、お花屋さんになりたいと思っていたけれど、大きくなるにつれて夢は叶わないものだとわかっていった」

と正子さん。学歴がないので、資格を身につけるしかないと言う。

全国でも無戸籍者に対する支援が広まってきた。兵庫県明石市では相談窓口を設置。生活支援や教育支援をしている。市ではすでに0〜7歳までの4人が市内に在住しているという。相談を受け、『無戸籍児家族の会』らと協議の上、無戸籍者へのアプローチの方法を検討している。すでに教育支援として、教員OBを活用して、初歩的な読み書き計算等を学んでいるという。

また1歳までの無戸籍者の把握を目標に、国会でも超党派で「無戸籍問題を考える議員連盟」（会長・野田聖子衆院議員）が結成された。法務省から無戸籍者のヒアリングを受け、無戸籍の当事者からも経緯について聞いた。正子さんが続ける。

「無戸籍で学校に行っていないから粗暴、親が無知でだらしないから無戸籍になった、という見方や偏見をなくしていきたい。同じ無戸籍者のために何かしたいと思います」

法の壁に苦しむことなく、子どもたちが平等に、自分の生き方を選べる社会にならなければいけない。

その後正子さんの母親は前夫との離婚が成立。2015年6月に役所に正子さんの出生届を提出した。しかし戸籍法は14日以内に届け出るように規定しており、藤沢簡易裁判所は、出生届を33年間出さなかったとして戸籍法違反で過料5万円の決定を出した。正子さんはこれを「あまりに非情です」と不服として、即時抗告した。

第5章
彼女はなぜ「下流老人」になったか？

認知症で「転落」する高齢女性

これまで、おもに女性たちがおかれている貧困の状況についてみてきたが、今度は高齢者の貧困をみていくことにしよう。

15年9月21日の敬老の日の前日に発表された現在の総務省統計局の調査によれば65歳以上の高齢者は3384万人。総人口に占める割合は26・7％で過去最高を記録している。実に4人に1人が高齢者となっている。しかも80歳以上の人口は、1000万人を超え、主要国では最高を記録した。

また高齢者の就業者数は11年連続で増加し、681万人と過去最多。しかも高齢雇用者の7割超が非正規雇用者で妻が高齢者の共働き世帯は12年間連続で2・8倍に増加した。「老後は悠々自適」だったはずなのだが、下流老人、老後破産、親子共倒れ。日本の高齢者がおかれている状況は厳しい。総務省の高齢無職世帯の家計調査では「保健医療費への支出割合が高い」とする人が多く、ギリギリの生活を余儀なくされている高齢者は急増する一方だ。

2014年9月にNHK「老人漂流社会　〝老後破産〟の現実」が放送されてから、老後に破産してしまう高齢者の姿がクローズアップされた。

老後破産とは、何らかの理由で満足な収入が得られない、または思った以上に支出が多く、生活保護以下の生活しかできていないことを指す。

お金の管理ができず、貧困へ

埼玉県で生活困窮者の相談支援をしているNPO法人『ほっとプラス』の代表理事で『下流老人』の著者、藤田孝典は言う。

「日本で生活保護を受給している高齢者は79万8609世帯（15年7月調査）。生活保護受給全世帯の49・3%に当たります。しかし生活保護の基準相当（12万円前後）で暮らす高齢者は600万~700万人いると推定されます」

その背景にあるのは、年金支給額の低さだ。国民年金の場合、40年間保険料を滞納せずに払っても満額で1か月あたり、6万5008円（15年度）だ。

厚生年金の場合は、平均給与を基準に計算されるため、給与の低い女性では、満足な額が期待できないのが現状だ。

もともと年金制度は、高齢者が子や孫などの若い世代と同居することを前提に作られている。だから、生活費というよりは、老後のお小遣い程度の額しか設定されていない。これがひとり暮らしの世帯になれば、年金だけで生活できないのである。

さらに追い討ちをかけるのは、高齢者特有の問題だ。高齢者が老後破産に転落するきっかけは「病気と認知症」だという。前出の藤田が分析する。

「貯めておいた老後の資金を切り崩したり、シルバー人材センターで、わずかな収入を得てなんとか持ちこたえても、心臓病などの重い病気で入院すると、途端に家計が破綻します。最近は認知症を発症し、ひとり暮らしの高齢者だと、周囲が気づかない間に症状が悪化し、家賃の滞納など、金銭的な困窮が発覚することも少なくないのです」

自分でお金を管理するには、意外にも高度な認知機能を駆使しなければならず、高齢になってからの金銭コントロールは難しい。

手持ちの金額を考えずに際限なく、通販で買い物をする、詐欺に遭うなど、歯止めがきかなくなって、貧困に陥ってしまうのだ。

ホコリ舞う倉庫に住む高齢女性

女性は、熟年離婚や配偶者との死別が経済的な困窮を招く引き金になりえる。

専業主婦が離婚する場合、財産分与や年金分与がなされずに、国民年金だけで生活するとなると、家計が赤字になるのは明白だ。

また夫と死別した妻に支給される遺族厚生年金は年々低くなっている。女性が単身で生きていくのはかなり困難だといえる。

孝子さん（70歳）と出会った。48歳で離婚し、その後51歳のときに再婚した。しかし、再婚生活は長くは続かず、夫はわずか3年4ヵ月で亡くなってしまった。

再婚時に仕事を辞めて家庭に入った孝子さんは、夫の遺族厚生年金だけでは暮らしていけず、経済的に困窮した。

実母と弟がいる実家を頼ったが、後に母親が亡くなったことで生活は一変。弟は遅い結婚に踏み切り、姉の存在が邪魔になった。

母屋を追われ、敷地内にある倉庫のような建物で、ベッドと仏壇だけが置かれた。周囲には不用品がうず高く積まれ、舞い上がるホコリで、気管支をやられて咳が止まらない。雑菌が入った目は炎症でただれた。ひどい頭痛が一日中襲い、ついにはうつ病のような症状になったという。

「4万円ほどの遺族年金だけでは、部屋を借りてひとり暮らしをするのは無理。家だけでも確保しなければいけないと、我慢するしかなかった」

そんな惨状を知り助けてくれたのは、古くからの友人だった。友人が高齢者の支援をしてくれるＮＰＯにつなげてくれ、やっと倉庫生活を脱出、生活保護を受けることになった。

家賃にあてる住宅扶助は4万7700円。生活扶助が4万円。夫の遺族年金は4万円。自分の年金はない。光熱費などの経費を引くと手元には6万円ほどしか残らない。1日の出費を抑えるために、食材は友人からもらい、風呂は2日に1度と、切り詰めた生活を続けている。

「生活保護を受けるのは本当に恥ずかしくて嫌でしたが、仕方がありません。受けられるようになって命びろいしたので、今は感謝でいっぱいです」

孝子さんははにかむような表情で笑った。

娘もいるのにホームレスになった

4畳半の部屋の大多数の部分は、折り畳みの簡易型ベッドで占領されていた。流し台とガス台しかない半間の台所には、リサイクルショップで買った冷蔵庫は置けず、部屋の中に飛び出していた。

「狭いでしょ。ここに腰かけて」とヤスエさん（75歳）はベッドの上を指差した。生活保護では、「級地制」といって住んでいる地域を物価に合わせて1〜3級に分けている。1級の都心にあるヤスエさんの部屋は西日の差す5階だ。鉄筋だがエレベーターがないので、痛む足を引きずって階段を上り下りする。

「それでも住むところがあって幸せ。生活は厳しいけれど、やりくりしてやっていけるから。外で暮らしている人のことを思うと……」

ヤスエさんは一時期、路上生活者だった。60歳でリストラにあい職を失った。何度か日雇いで働いたが、ついには仕事もなくなった。

娘の家に一時同居したことはあるが、娘の夫と折り合いが悪く、「出て行ってくれないか」と娘に言われて家出。

友人の家で居候をしたこともあるが、居づらくなって飛び出した。その後は、昼は公園、夜は明るい銀行の軒先などで過ごした。

「女性1人で路上生活するのって、この年齢になっても怖いんですよ。特に夜は怖くて、うつらうつらするしかないので、だんだん体調を崩していったのです」

66歳のある日、胸苦しさを感じて階段が上がれなくなった。その状態を食料をもらいに行った教会のボランティアに話すと、緊急事態を察して、半ば強引に区役所に連れて行かれ病院で診察された。するとヤスエさんの血圧は190。即入院となった。

区の老人施設で半年を過ごした後、自立できると判断が下った。生活保護受給が決定して今のアパートに移った。

毎月の受給額は約13万円。プレス加工関係の会社で働いていたときは年金保険料を払っていたが、年金支給の要件を満たす期間には至らず年金はない。

13万円には、住宅扶助の5万3000円が含まれ、光熱費などの経費を除くと6万円余りが残る。部屋には洗濯機置き場がないので、ついついコインランドリーで洗濯すると6000円にもなる。節約しなければと思うが、手間を考えると億劫になってしまう。お風呂もなく、区から送られてくる公衆浴場の無料入浴券を外出する予定を考えながら使って近所の銭湯に行く。

「高血圧、骨粗しょう症、白内障や緑内障、不眠の持病をかかえて通院中です。診察日の前日は必ず行きますが、平均して入浴は週1回。階段の上り下りが大変で外出もせず、テレビを観て過ごすことが多いです」

食事は1日1食。電子レンジがないのでパックご飯を1つしかない鍋で蒸す。1食で半パックを食べ、半パックは次の日に回す。それに野菜の煮物か豚肉料理などのおかず1品が定番だ。「3食食べたらやっていけないので我慢している」。

節約を心掛けているヤスエさんが怖いのは、夏場。部屋に取り付けられた年代物のクーラーは電気代が高く、本当に暑い真夏の夜の数時間しかかけない。熱中症が怖いからつけたほうがいいですよ、と話しかけた。すると返ってきたのは――。

「熱中症より怖いのは、電気代ですよ。国の世話になるのは不本意ですが…。長生きしたくないわね」

生活扶助、住宅扶助額の引き下げの問題は「国が決めることだから仕方ない」とあきらめ顔だった。

意地でも「生活保護は受けたくない」

老後破産に陥ったら、生活保護制度を利用するという選択肢もある。残された最後のセーフティネット。しかし、高齢者自身がその道を閉ざしてしまう。

前出の藤田の下には支援の相談にたくさんの高齢者が訪れるが「『生活保護を受けたくない』と言う人を説得するのがいちばん大変だ」と言う。

「他人に迷惑をかけたくない」という謙虚な姿勢、「生活保護を受けるのは恥ずかしい」という自尊感情、「しっかりした準備をしてこなかった自分が悪い」という自己責任、さまざまな気持ちが交錯して、生活保護を受けたくないと主張するのだという。しかも年齢が上がるほど、その気持ちは強い。

生活保護を受けるには、3親等以内の親族に「扶養照会」され、子どもはもちろん、兄弟姉妹、おじおば、おいめい、果てはひ孫の配偶者にまで及ぶ。そんなに遠くの親戚にまで困窮の状況が知られてしまうのなら、生活保護は受けたくないと断念してしまう。

周囲から生活保護をすすめられても受給を拒否し、難病の夫をかかえても、少ない年金と低収入で暮らす70代の夫婦もいた。

「生活保護はできれば避けたい」

東京都に住む陽子さん（70歳）は、ギリギリのところで生活をしているが、生活保護は絶対に受けたくないと、懸命に働いている。仕事がある日の起床は午前4時。午前7時から10時まで週に5日、パートの清掃員として働いている。勤務時間が短く、ボーナスも出ないので、若い人が集まらない。働いているのは陽子さんのような年金生活者ばかりだ。パート代は月に6万円ほどだが、この6万円が入るのと入らないのでは死活問題になる。

現在、陽子さんは夫（75歳）と2人で2Kのアパートで生活している。年金は2人合わせて15万円。家賃7万3000円、光熱費約2万円を払うと手元に残るのは5万7000円。陽子さんのパート代6万円を加えてもギリギリの状態だ。米や野菜は友人から送ってもらい、食費は1か月2万円までに抑えている。

足りないときは、いざというときのための貯金を切り崩すがそれも半分以下になってしまった。

「老後がこんなに厳しいなんて予想外でした。もう少し早く気づいて準備をしておいたら、なんとかなったかもしれません」

陽子さんは悔やんでいる。

子どもは息子と娘がいるが、息子は他界。娘はときどきお金をおいていくが、自分の子どもにお金がかかるため、頼れない。

なんとか家賃を下げようと都営住宅を申し込んでいるが倍率が高くて当選できない。陽子さんの前には、３００人の人が待っている。

目下の心配事は、夫婦2人の健康状態だ。夫は持病の糖尿病もあり、さらに胃がんが見つかり内視鏡手術を受けた。長期の入院を勧められたが、お金の心配もあって早々に退院した。後期高齢者医療制度を利用しても月に３０００円はかかる。

また陽子さん自身も膝痛があり、立ったり座ったりが難しい。ヒアルロン酸の注射を打てば楽になるが、治療代が高いので月に2回だけにしている。入れ歯の具合も悪いが、本当に食事に支障をきたすようになるまでは、なんとかこれで我慢するつもりだ。

「働いている会社も契約が切れてしまい、更新してくれるかはわかりません。働けなくなったら、私たちはどうなるのでしょうか」

陽子さんは契約更新をただただ祈るのみである。

高齢者の9割は「下流老人」になりうる

そもそも生活保護は、国民に与えられた権利だ。憲法第25条では、「すべて国民は、健康で文化的な最低限度の生活を営む権利を有する。国は、すべての生活部面について、社会福祉、社会保障及び公衆衛生の向上及び増進に努めなければならない」と規定している。いわゆる生存権でそれを具現化して「生活保護法」が1950年に制定された。

権利なのだから、負い目を持つ必要はないのだが、日本人特有の〝恥じる〟行為が生活保護になかなか向かわせない。高齢者になればなるほど、自らの手で何とかしようと生活保護を受けない。

いざ、生活保護を受給しようと決断しても、生活保護受給者をなるべく抑えたい自治体の窓口の対応は冷淡だ。あの手この手の「水際作戦」に行く手を阻まれる。

持ち家や車などの資産状況を聞かれ、それを理由に断られることもある。

しかし「生活保護を受けるには、持ち家に住めない、自家用の車は処分しなければいけない」などの誤った思い込みがあるが、これは関係ない。

条件が一定基準以下なら、資産を売却する必要はなく、これまでの家に住みながら生活保護を受けられるのだ。

生活保護の認可要件があって、車の所有は、交通インフラが整備されていない地方での生活で車なしでは生活が成り立たない場合、また自営業で欠かせない場合は、所有していても生活保護は受給できる。

持ち家も売却しても売れないような住居ならば持っていても受給できる。

いずれにしてもきちんと説明することが必要だ。

また「年金や収入があれば生活保護を受けられない」というのも誤解の1つだ。生活保護制度で保障される最低生活費の金額よりも収入が少なければ、その差額が支払われるようになっている。

要件を満たしていれば誰もが受給できるのが生活保護。「住所がなくても」「働いていても」受けられる。

「高齢者の困窮が若い人と違うのは、3日間も食べなければ、死にも直結するということ。日頃からの節約、倹約で衰弱した体に病魔が襲いかかり、孤独死する危険性さえあります」（藤田）

高齢者の9割が下流老人になり老後破産の危険性を持っていると藤田。経済的に困窮したら、とにかく声をあげて支援を求めることが重要なのだ。

10年間、ホームレスをしている高齢男性の〝事情〟

「住まいの貧困に取り組むネットワーク」のアウトリーチ（住まいを失った方々への声かけ・情報提供）で路上生活者を訪問していると、やはり高齢者、しかも圧倒的に男性が多いことに気づく。同ネットワークでは、食料支援団体から提供を受けたスープや味噌汁、レトルトの白飯などを届けるとともに、生活保護の受給や相談のチラシを持っていく。初めて参加した夜、中年の男性を訪ねると、「助かった、ありがとう」と話した。路上生活は比較的短いのだろう。傍らには真新しいキャリーバッグがあり、聞けば前日から何も食べていなかったという。

一方で約10年、少しずつ場所を移動しながら路上生活を続けている高齢の男性の姿もあった。彼は支援センターに入っていたが、同所での人間関係の煩わしさからセンターを出てきてしまったと話す。

「そこでいじめみたいに、いざこざがあって……」

そこから先は多くを語らない。語らないので「相談所もありますので相談に来てください」と言いおく。人それぞれに〝言えない事情〟がある。

東京・神田のとある交差点に70代の男性がいた。毎朝、仕事に行く途中で必ず出会った。

昼の間はそこにいるが、夜になると場所を移動しているのか、いないことのほうが多かった。

事情を聞いてみると、「たまに公園で水浴びをする」「夜は違う場所にいるよ」。それ以上、多くを語らない。容赦なく照りつける真夏の太陽に目を細めている。「お体は悪いところないですか」と尋ねると、「うん、まあ大丈夫」と小さな声で答えた。体調はかなり悪そうに見えた。あの猛暑日をどうやって乗り切っていったのか。

その後、彼と会うことはなかった。いつもいたビルの窪みには囲いができていて、「工事のお知らせ」が貼ってあった。今、彼はどこでどうしているのか。路上生活を離れて、生活保護を受けてアパートで生活する道を、なぜ彼は選ばなかったか。

川崎の簡易宿泊所で起こった火災で、高齢の生活保護受給者が亡くなった。この問題を重く受け止めている同ネットワーク世話人の稲葉剛は、1994年、新宿の鯉城生活者のコミュニティー「新宿ダンボール村」と出会った。

彼がそこで見たのは、ホームレスと呼ばれる人たちが路上で病死したり、凍死したりする様だったという。稲葉は〝ハウジングファースト〟と呼ばれる欧米のホームレス支援で一般的な、安心して暮らせる住まいの確保を提唱している。

「近年の貧困の背景には、非正規労働の拡大という雇用の問題のほかに、ハウジングプア、住まいの貧困の問題がある。賃貸住宅の追い出し屋、脱法ハウス問題といった住宅に関する問題は、あとを絶たない。住まいもまた人権の1つ。住宅政策の転換を求めていきたい」

銚子の長女殺害事件で、被告である母親が「住むところがなくては生きていけない」と言ったように、就労支援の前に、まずは住居の確保が必要だと私も思う。

第6章 貧困と虐待のなかにいる子どもたち

「パンツを貸してください」

保健室から見える「貧困」

貧困のテーマを追っていると、児童虐待の話に突き当たる。虐待の取材をしていると、その背景には貧困の問題があることが多い。日本福祉大学社会福祉学部准教授の堀場純矢は雑誌『クレスコ』（2014年9月号）で次のように書いている。

「社会の仕組みの中で、引き起こされた親の労働問題（失業、低賃金、不安定就労）を基底とした生活問題（借金、孤立、健康破壊）の深刻化があり、最終的に子どもの虐待、放任などの養護問題として顕在化している」

低学歴→不安定就労→失業→借金→健康状態の悪化→虐待・放任→施設入所。

すべてが循環している。2009年7月、全日本教職員組合は「保健室から見える子どもの貧困の実態」というリーフレットを発行した。その事例を見てみると、思った以上に子どもたちの貧困は深刻だった。

熱が出ても病院に行かない子

《学校で高熱を出したため、父親と連絡をとったが、「仕事で迎えに行けない。保険証がないので病院に受診させないでほしい」と言われた。容態が悪いので父親の了解をとったうえで、校長が市に掛け合って無事受診することができた》

《学校で喘息発作を起こした子どもの親と、連絡をとろうとしたが、家の電話も親の携帯電話も止められていて、連絡がとれない。ようやく迎えにきた父親は吸入器のみで薬は持参せず、帰宅後、病院へ行ったかどうかも確認できない。父親は病気で無職となり、給食費も滞納し、観劇や遠足も費用が払えないために欠席させている。子どもは親をかばって「保険証」がないので病院に行けないとは、なかなか言わない》

京都の小学校では、次のような事例があった。

《体重測定の日に「パンツを貸してほしい」と言ってきた。聞くとパンツは2、3枚にしか持っていなくて、ときどきパンツをはかないまま登校してくるとのこと。たまたまはいてきていないときに体重測定があった》

貧困でパンツが買えないのか。パンツを洗濯して使い回せば、たとえ2、3枚でも足りないということはないはずである。だとしたら、それは養育放棄、ネグレクトの可能性があるのではないか。そのほかにも、毎日同じ服を着てくる。穴が開いたままの靴下をずっとはいている。お風呂に入っていないのか、洗濯をしていないのか、手首や襟元が汚れたままの服をずっと着ている、などの報告があった。

また中学校の事例では、切羽詰まっている様子がうかがえる。

《約45％の子どもたちが就学援助家庭という中学校では、朝食どころか、昼食、夕食もまともに食べることができない子どもたちがたくさんいる。なぜならひとり親家庭が多く、その親は生活のためにダブルワーク、トリプルワークをしており、中には泊まりがけの仕事をしている母親もあり、食事の準備ができない。お金がない状態だからである。子どもに十分にかかわることができず、当然子どもたちの心も安定するはずはない。昼ごはんを食べないために、昼休みを保健室で過ごす子、人との関わり合いがうまくできず、うつ症状を出す子、リストカットする子など、休み時間も保健室はいっぱいである》

貧困は子どもたちの心にまで影響を及ぼしている。

「医療ネグレクト」と貧困の子ども

佛教大学社会福祉学部教授で小児科医の武内一が子どもの貧困に出会ったのは、1990年代の後半のことだった。

武内が大学を卒業して就職したのは、大阪・堺市にある耳原総合病院の小児科。

「新しいアパートやマンションが立ち並ぶ一角と、かたやバラックや文化住宅があり、中には文字を書けない人も大勢いました。日本の貧困というよりも、僕はこの地区の地域的な問題ととらえていました。そんな中で、10歳になるヒロコちゃんと出会ったのです」

ヒロコちゃんは、喘息をかかえていて、発作のたびに病院にやってきた。しかし、いつも重篤な状態になってからしか病院にこない。

「いったい家庭はどうなっているのか」

「お母さんは何をやっているのか」

喘息は家庭環境がかなり影響する。釈然としなかった武内は、思い切って看護師とともに家を訪問することにした。

下町の中に立つ文化住宅の一室が彼女の家だった。

「お母さんとヒロコちゃん2人の、母子家庭でした。話を聞いてみると、ガス、電気が順番に止まる暮らしぶりでした。喘息は、本来は日常の服薬でちゃんとコントロールできるのです。しかし、薬を中断しがちなので、発作を繰り返していました。

生活保護を受けていて、医療費はかからないのですが、定期的に通院するためには、病院へ通う交通費もいる。そして約束した時間に行かなければならない。それができなかったのです。お母さんにはお母さんの事情もあったのでしょうが、広い意味では、医療ネグレクトでした」

当時は、今のような要保護児童の対策はとられておらず、生活保護の担当職員と連携しながら、事情を聴いていった。すると母親は生活保護費をヤミ金に渡し、そこから１０００円、２０００円をもらって生活している様子がわかってきた。

しかも母子ともに昼夜逆転のような生活で、満足に登校できないような状態が続いていた。何度も訪問するうちにヒロコちゃんは、武内にいろいろな話をするようになった。

「この前、知らんおっちゃんと映画観に行った」

「また別のおっちゃんに、ええもん食べさせてもらった」

母親はそれを知って黙認しているのか。知らないのか。知らないはずはないだろうと自問してみた。ヒロコちゃんからだけの話で、それ以上医師としては踏み込めないので追及できなかった。しかし武内は、このままいくと、おっちゃんたちに誘われるままに、性風俗の世界に入ってしまうのではないかと不安になったという。

「そんなこともあって、教育委員会とも相談して、病弱児の寄宿制の養護学校があるので行かせるようにしました。お母さんは措置費も減額されるというので、かなり抵抗しましたが、このままではヒロコちゃんの健康状態が危ないということで行かせたのです。

初めての受診日に彼女が言いました。

『先生、寄宿舎ってすごくいいよ、毎日温かいご飯が食べられて、毎日温かいお風呂に入れる。まるで天国だよ』

ヒロコちゃんの驚きと感激が伝わってきました。ガスを止められていたので、きっとお風呂に入れるような環境ではなかったのだと思います。喘息も落ち着いてきて、中学校の3年間は、そこでずっと過ごしました」

中学校の卒業証書を手にしたヒロコちゃんは定時制高校に休まず通い、無事に卒業して就職も果たした。しかし、勤め先を1週間ほどで辞めて、生活保護の母親の下で生活するようになってしまう。

そうこうするうちに妊娠が発覚。出産することになる。しかしパートナーに生活能力はなかった。身重の体で仕事を探すわけでもなく、2児の母親になった。武内は2代にわたって、今度はヒロコちゃんの病弱な子どもを診ている。

「生活保護を受けながら、子どもたちの教育もきちんとしている。けれど彼女を取り巻く環境から考えると、僕は母親から独立することや別れて、ひとり親になって子どもと生きていくのがいいのではないかと提案したりもします。しかし、自信がなくてなかなか踏み切れない。普通に、僕たちが当たり前だと思うことも教えられず、自立の経験がないからできないのです」

生まれてからずっと生活保護を受けながら生きてきた彼女。この先、自分の足で立つことができるかどうかを、武内は憂慮している。

「たとえばウイルス性胃腸炎で嘔吐して水分がとれない1歳児の最適な治療法とは何か」

唐突だが、この質問に医師はどうすべきか。武内が答える。

「まずはその子どもの生活背景を見てみます。母子家庭で、母親は他のきょうだいの世話もしなければならず、休暇もとりにくいパート就労者の子ども。あるいは両親が揃っていて、経済的に余裕があり、母は専業主婦で、近所には祖父母もいる子ども。

この2つの場合は、明らかに最善な治療は変わってきます。

経口補水液を処方して家で飲ませる。病院で点滴をするのか、あるいは入院して治療するのか。家庭の事情によってさまざまです」

しかも「必要とわかっていても、自己負担分の医療費を考えると検査を受けさせられない」「安静にしてくださいと医師から言われても仕事を休むわけにはいかないので、子どもをみることができない」といった声が母親から上がってくるのだという。

「予防接種率」と貧困家庭

武内は、小児科医らとともに、自己負担を伴う、水ぼうそうやおたふく風邪の予防接種の接種率を調査した。

貧困家庭の子の水ぼうそうの接種率は12％、おたふく風邪は6％。貧困ではない世帯の7分の1から3分の1にとどまっていた。

水ぼうそうで自己負担金は約7000円、おたふく風邪は約4000円である。

「水ぼうそうのワクチンは、昨年から定期接種、無料になりましたが、おたふく風邪は公費での負担がない。おたふく風邪の場合だと、1000〜1500人に1人は難聴になると言われています。日本以外の先進国では、おたふく風邪のワクチンは、定期接種です。せめて定期接種にしていかなければリスクは軽減されません」（武内）

また武内は、医療のエビデンス（根拠としての証拠）から見えてきた実態調査を実施した。脱貧困プロジェクトの一環として、医師3人とともに「入院診療での子育て世代実情調査」（14年度）を行い、家庭背景を含む生活実情を調べた。

回収された調査票700件あまりのなかで、収入検討が可能な調査票分について、相対的貧困世帯と、そうでない世帯に分けて比較検討している。貧困世帯では、受診を控え、長期の入院はなるべく避けているなどの様子が判明した。

「喘息発作による入院は貧困層に多く、基礎疾患として喘息があって、また違う病気にかかって入院してくるケースがみられます。住居環境が狭く、リビングのほかに部屋が1つしかなかったり、自分の母親と本人、子どもという家庭も多く、母子家庭の連鎖も見られました。

医療ネグレクトがかなり深刻なところに来ている。命にかかわるような重篤な例もあり、具体的な対策が急がれます」

政策で作られてきた子どもの貧困

貧困は政策によって生み出されているといっても過言ではないだろう。1980年以降、現在まで貧困が拡大している背景には、国が国庫の負担金を減額し、さらに企業や富裕層の負担を減らしてきた。その結果、格差が広がり、そのしわよせが子育て世代を中核とする国民に負担を強いている。

それに拍車をかけたのは、消費税の導入だ。89年に3%、97年には5%、そして201

4年からは8％に。17年からは10％にすると政府は計画している。

「医療分野においてもかなりの負担増がある」と武内は言う。

「国民健康保険の国家負担は長年、40％でしたが、財政難を理由に05年以降引き下げられ、2012年度からは32％になりました。その結果、1人ひとりの保険料が引き上げられ、窓口負担が増えました」

08年、高い保険料が払えずに「資格証明書」を持つ世帯の子どもが3万3000人にも上ると公表された。資格証明書とは、高い保険料が払えずに国民健康保険が取り上げられ、代わりに発行される証明書で、医療機関にかかった場合、全額自己負担という厳しいものだった。

これが社会問題化したこともあって、厚労省は、同年、資格証明書でも子どもには短期被保険者証を交付するように通達を出した。その結果、現在は窓口では3割負担で医療を受けられ、またほとんどの自治体で医療費助成も実施している。

14年「子どもの貧困対策の推進に関する法律」が施行され、子ども教育、生活、就労、経済的支援施策は、生まれ育った環境に左右されない社会を作ることをうたった。

その大綱では指標を設定し、「生活保護世帯の子ども」「児童養護施設の子ども」「ひとり親家庭の子ども」の3つのグループの進学率、就職率、貧困率の改善にとりくむとした。

「ところが、具体的なとりくみとして、どの時点でどのようにするかといった到達目標がありません。また、現在生活保護を受けている世帯は、本来生活保護を受給できる対象世帯の2割でしかないこと。さらにふたり親がいても、相対的貧困の中で暮らす世帯もあります。そこが抜け落ちている。法律はできても、具体的にどう子どもを守っていくのか。成果が得られるか心配です」

そう武内は指摘する。さらに続ける。

「昭和の貧困は、みんな貧しいなかでの貧乏でしたが、今は豊かななかで自分だけ貧しいとわかると、より大変です。だから見かけだけでもみんなと一緒にしようとするし、意外なくらい表向きにはいい姿を見せてしまうのでしょうから、そこをうまくすくいとっていかなければなりません」

今後、子どもの貧困がどうなっていくのか。子どもの貧困対策は、まったなしの状況にきている。

子どもへの虐待と「貧困」の関係――高知県

四国の太平洋側に位置し、黒潮の流れで年中温暖。カツオなどの海産物、生産量全国1位を誇る、なす、しょうが、みょうがなどの農作物で有名な高知県。最後の清流と言われる四万十川を有し、自然豊かなところである。

しかし高知県は、全国の中でも貧困の地域である。

生活に追われる父と母、そして子どもたち

内閣府経済社会総合研究所が、2015年6月に発表した「平成24年度県民経済計算について」によると、都道府県別1人あたりの県民所得は、トップの東京都が442万3000円。もっとも低いのは沖縄の203万5000円。2位は鳥取県の224万9000円。それに次いで、高知県が225万2000円となっている。09年は、全国で最下位だった。

そのほかにも深刻な統計が出ている。人工妊娠中絶の1万人当たりの件数は、鳥取、熊本、佐賀、福岡に次いで高知県は5位（厚労省「衛生行政報告例」より）。

20歳未満の少年人口1000人当たりに占める検挙・補導少年の割合は、11年までは3年連続してワースト1。12年はワースト2位（高知家の子ども見守りプランより）。ひとり親家庭世帯数は、沖縄、宮崎、青森、北海道についで5位（10年「国勢調査」より）。また就学援助率も高く、高知県は24・38％。大阪、山口に続いて3位なのである。11年の法政大学大学院の「都道府県別幸福度調査」では、47都道府県別で46位だった。

「高知県の貧困は、データ的にも体感的にも、深刻です」

そう話すのは、法テラス高知法律事務所の弁護士、中島香織。中島は、「子どもの貧困解消に役立つなら」と12年に高知で行われた「日本子どもの虐待防止学会 高知りょうま大会」の事務局長を引き受け、現在は貧困に関する法律問題を中心に解決に努めている。経済的に余裕のない人たちや、自らSOSを出すことに困難のある人たちが抱える複合的な問題を解決する司法ソーシャルワークを実践している。

13年度中の全国の児童相談所での児童虐待相談対応件数は、7万3765件。23年連続で増加し、前年は6万6701件だったので、約7000件増えている。高知県でも181件で、前年より28件増えた。中島が言う。

「高知県にいると、子どもたちの育ちにくさ、生きづらさを目の当たりにすることが多く、子どもに犠牲を強いていると感じることがあります。高知では子どもや子育て中の親を支える活動団体が全県をカバーしている状況はなく、貧困のために生活に追われていて、父親や母親が充分な養育をできずネグレクトしてしまう。親自身も3食ご飯を食べる習慣がなかったり、洗濯物をたたむことをしなかったり。家庭はゴミ屋敷のようになっているところもあるのです。子どもたちは圧倒的な不足の中にいる。それをなんとかしたいのです」

実母による虐待事件は、クリスマスに起きた

高知県の中東部に位置している香南市。南部は土佐湾に面している。06年、香美郡にあった、赤岡町、香我美町、野市町、夜須町、吉川村の4町1村が合併して香南市ができた。

第3セクター土佐くろしお鉄道が走り、シイラ漁などの沿岸漁業の基地ともなっている。香我美町には陸上自衛隊の高知駐屯地がある影響で人口は急激に増え、県内で唯一人口が増加した市町村だ。

そんな町で虐待が起きた。

2014年、12月25日、クリスマスの木曜日。香南市野市町の自宅でRちゃん（当時3歳の女児）が、母親（27歳）と内縁の夫の妹（24歳）の虐待を受けて死亡した。2人はR

ちゃんの両手足をひもで縛り、口をガムテープでふさぎ、敷布団を体に巻きつけて放置するなどの暴行を加えた。死因は、上気道閉塞による窒息だった。

「Rがシャンパンをこぼしたり、テレビ台の上のフィギュアを床に落としたりしたので叱ると、泣きやまず、言うことを聞かないので腹が立った」

母親はそう供述した。

その後の裁判と事件の検証委員会の報告書から、日常の様子がわかってきた。

Rちゃんは11年11月に生まれ、翌年1月から高知市内の父方の祖父母宅で暮らしていた。生後3ヵ月のとき、Rちゃんの顔や体にあざがあることを市の職員が確認。父親（夫婦は内縁）が精神的に不安定で育児能力が低いことなどから高知市子ども家庭支援センターが県中央児童相談所に通報。児相はRちゃんを一時保護。ネグレクトと認定して、児童福祉施設に入所させる。

施設から日帰りで帰宅したり、家で泊まったりすることがあったというが、面会時の母親は、Rちゃんが泣いても母親が抱こうとすることは一度もなかったという。

母親は「離れて暮らしていたので、あなたの子どもだと言われても受け入れられず、どう接していいかわからなかった」と公判で証言した。

13年3月、「両親は育児に前向きで、祖母の育児協力も得られる」と児童相談所が判断して、約1年間の保護を終えRちゃんは祖父母宅に帰り、保育園にも通った。

しかし、母親はRちゃんをおいて家出。帰宅した直後の11月頃から、Rちゃんを叱っては手足をガムテープで縛るようになった。

14年3月には妹が生まれ、9月には、母親が妊娠中絶の手術を受けている。母親は精神状態が不安定になっていたにもかかわらず、児相は深刻度が低くなったとして支援を終結。高知市の子ども家庭支援センターへ引き継いだ。

10月には母親はうつ状態と診断され、父親はRちゃんの妹に身体的虐待をしているとの通報を受け、母親とRちゃん、妹は女性相談支援センターに一時入所。その後、父方の叔母が1人で暮らす香南市の家に引っ越していた。そして事件は起きたのである。

弁護側は事実を認め、Rちゃんの父が働かず、母親の稼ぎでパチンコをし、負ければ母やRちゃんらに八つ当たりしていたことや、母親の服用していた精神科の薬を奪っていたことも供述した。

「しつけ」という名の虐待

他方、気になったのは、母親が幼少時に実母から虐待を受け、手首をビニールひもで縛られ口にガムテープを貼られて押し入れに入れられた〝過去〟のことである。

「父親や祖母がガムテープで縛っているところを何度も見て、抵抗が薄れていた」

Rちゃんの周囲にいた、父、母、祖母ら大人はしつけの一環として、日常的に虐待していたのだ。

検察側は論告で「Rちゃんの生命や身体の安全の関心が乏しかった」として、懲役6年を求刑。

弁護側は、母親に懲役3年、叔母に猶予刑を求めた。

15年6月22日、高知地裁の武田義徳裁判長は両被告に懲役5年6ヵ月を言い渡した。

「殴る蹴るなどの直接的な暴力ではないが、執拗かつ一方的に行われた。生命、身体に対する危険を十分に生じさせるものとはいえ、悪質だ」

高知新聞（7月1日付け）によれば、精神的に不安定だった母親が集合住宅4階のベランダから「飛び降りる」と言った際に、父親は「やれるものならやってみろ」と応じた。Rちゃんは「パパとめて、ママ死ぬる」と言い、朝方の4時頃まで起きていたという。両親が不和のなかにあって、母親思いの優しい子だったのである。

また同じ団地に住む人々が一家について話している。

「Rちゃんが笑って、父親も笑顔。手足を縛るような両親には見えなかった」

「警察が何度も来ていたから、近所の住民も気にしてあいさつなどの声掛けはしよった」

（いずれも高知新聞より）

県や市の児童相談所が本気を出してRちゃんの命を守ろうとしたら、救えた命ではなかったのか。検証委員会（委員長・川崎二三彦子どもの虹情報研修センター長）は、報告書を以下のようにまとめた。抜粋してみる。

〈児童相談所の対応〉

児童福祉施設の入所措置解除の是非そのものについて関係各所で協議する会議などは設けておらず、母親の育児態度に関する児童福祉施設の懸念が十分に踏まえられていないなどの課題があった。

措置解除後、母親の家出や妊娠中絶など困難な状況が繰り返されていたにもかかわらず、状況変化に対する適切なリスク判断がなされていない課題があった。母親と子どもたちが女性相談支援センターに入所したことを確認した時点でも1つの家庭で起こった重要な変化として、とらえる視点に乏しく、リスク判断の点で課題が残った。

〈高知市の対応〉

妹出産後、母親が市の母子保健課の保健師と面談した際、夫婦関係の不良、父親の精神的に不安定な印象などから危機感を抱いた。警察に情報提供し、子ども家庭支援センターに連絡したが、同センターは状況を査定する動きはなかった。状況にかみ合った対応を行う機会を逃したと思われ、調整機関の役割を果たす点でも課題があった。

同センターは、保育所からの連絡や各部署の情報交換により、一家が香南市で滞在を続けていること、Rちゃんの保育所の長期欠席を把握していた。しかし危機意識が薄く、児相へもまったく相談していない。12月に父親が単独で高知市に戻ったことを福祉課は電話で確認していたが、家族状況や子どもの安全確認が必要との認識は薄く、同センターへの連絡を行わないなど、市の対応が統一されていなかった。

川崎委員長は会見で話した。

「関係機関は連絡を取り合っていたが、家族の状況を踏まえた検討が十分ではなかった。連携の質を考えてほしい。児童虐待は、社会全体の問題でもある。地域の関係者と行政機関が連携して子どもを見守るネットワークを構築することが、子どもの命を守ることにつながる」

県の児相と市の子ども家庭支援センターや保健師が、母親とつながっており相談もしていたのに、なぜもう一歩踏み込めなかったのか。

家庭不和、貧困、ＤＶそして虐待。3歳1ヵ月の幼児が、必死に母親を支えていたにもかかわらず、母親の手によって殺されてしまった――。

「実母から受けていた虐待と同じだったので、抵抗が薄れた」

母親の言葉がずっと頭から離れなかった。

親から子へ、こうやって身体的な暴力は連鎖していくのである。

「赤ちゃん部屋のお化け」現象とは

小児科医で元高知県立中央児童相談所医務主任も務め、子育てを支援する認定NPO法人『カンガルーの会』理事長の澤田敬に虐待の伝達について、話を聞いた。

「私も児童相談所にいたことがありますので、事情はよくわかっている。職員たちは昼夜問わずに一生懸命やっています。いったん虐待の通告が入ると、夜中でも家まで出かけて行って、虐待が行われていないか監視を続けることもあるのです」

そう前置きをして、今回の高知の事件も、「厚生労働省の目指した母親指導のやり方に沿って一生懸命やった結果なのだが、母親の心のなかのトラウマの整理までせまれなかったのではないか」と指摘する。

赤ちゃんの顔にあざがあったり、背中に擦過傷が発見されたため、虐待だと判断し、1年間、児童福祉施設で預かっていた。

その間、母親には育児指導をし、その指導のなかで母親を観察し、AからDまでのランク付けの中でDとした。Dであれば、もう安心して赤ちゃんを託せると判断したことになり、親元に帰す計画を立てて徐々に実行する。保健師はCとして何度か面接や家庭訪問をして用心深く母親や子どもの経過観察を続けていった。

これは厚労省・児童家庭局で作成された337ページにも及ぶ「子ども虐待対応の手引き」(改正版)に細かく書かれている。

中には、子どもの虐待は「子どもの心身の成長及び人格の形成に重大な影響を与えるとともに、次の世代に引き継がれるおそれもあるものであり、子どもに対するもっとも重大な権利侵害である」としている。

つまり虐待は世代間で引き継がれる可能性があると、すでに言及されているのだ。

児相や市で見守り、保健師も家庭訪問を続け、保育所も欠席を通報していたのに、事件は起こってしまった。

澤田によれば、これはアメリカのフライバーグが言っている、典型的な〝赤ちゃん部屋のお化け〟という現象なのだという。

「私から問題を考えてみると、児相や市、保健師など、母親にかかわった人たちは、母親の成育歴を詳しく聞き、この現象に気づいていたかどうか、ということです。

母親が子どものときに虐待を受けて1人で泣いていた経験がある場合、心にトラウマとして残っています。それを治療しないでいると、自分が母親になったときに何らかの形で、表面に現れてきてしまうのです。

小さい頃に自分が虐待を受けて泣いていた光景が母親に残っていると、自分の赤ちゃんが泣きだすと、頭にかつて虐待されたときの情景がわっと浮かんでくるのです。

虐待した母親に対する怒りも出てくる。そうして今度は自分の赤ちゃんに、自分がされたであろうと同じことをしてしまうのです。これを『世代間伝達』というのです」

乳幼児精神医学の研究者であるフライバーグは、自分の赤ちゃんが泣くことによって、赤ちゃんがお化けのようになって母親に襲いかかっていき、母親が子ども時代に解決されていない心の表象世界、小さい頃に撮った心の物語写真が浮かび上がる。母親はワケがわからなくなって、腹が立ち、赤ちゃんを怒鳴りつけてしまうというのだ。

赤ちゃんはそれを察して、母親に巻き込まれて余計泣く。泣けば泣くほど、母親は余計腹が立つ。

〝赤ちゃん部屋のお化け〞現象は小さい頃に起こりやすく死亡事故につながりやすい。

人間は出生当日から、いろいろな出来事を経験すると、脳に対する刺激となり、神経回路ができる。それはのちのちまで残っていて、無意識の世界を主にして記憶になり、それが心の物語写真になっているのだ。

心のカメラで、いろいろな場面を撮ったものが記憶である。それが表象（レプレゼンテーション）であり、写真集が表象世界だと考えられている。

虐待という強烈な経験刺激によって撮影された写真は、たとえ1回であっても、いつまでも残ってしまうのである。1、2度の軽い刺激は消滅するが、繰り返し経験し癒されないまま累積されていくと、大きなトラブルとなる。

「たとえ虐待を受けて育った母親でも、子どもが言うことを聞き、母親も楽しいときは、頭の中に楽しい写真が浮かび上がり、その感覚で子どもに接します。子どもの頃、自分の母親が絵本を読んでくれた写真が浮かべば、うちの子にも本を読んであげようかな、という気分になり、いい母親でいられるのです。

一方、虐待の家庭で育った子はどうか。叩かれたり、怒鳴られたり、今回の事件の母親のようにガムテープやひもで手足を縛られたりし、心の傷が癒されないで母親になった場合は、子どもが気に入らないことをすると、叩いたり、怒鳴ったり、テープで縛ったりしてしまうのです」（澤田）

現在、厚労省が指導している虐待防止のおもなものは、「乳児揺さぶられっこ症候群（シェイクンベイビー・シンドローム）」の予防だ。「揺さぶられっこ症候群」は、おおむね6ヵ月以内の新生児や乳児の身体を激しく揺するもので、首がすわっていない乳児にすると、頭蓋内出血や脳挫傷で死に至ることもある。死亡率が高いので、それを予防しようと、「赤ちゃんを強く揺さぶらないようにする」「ひどく腹が立った場合には、赤ちゃんからしばらく離れ、心を落ち着かせるようにする」と妊婦に指導している。

「揺さぶられっこ症候群を予防するための説明もたしかに必要です。しかし、一方で母親の成育歴を把握しつつ、母親への治療的な介入をして母親支援を行う必要がある。母親の表象の問題の把握をすること。あたたかい支援をしながら把握と治療をすることが車の両輪だと思うのです。

高知の虐待は、お子さんを1年も預かっています。その間、母親もまた保健師や職員を信頼して育児相談をしている。そのときに、母親が幼少期に辛かった経験があるかどうかを、もっと詳しく聞いていればよかったと思います。

『お母さん、つらかったねえ』

そう共感してあげられれば、事件が防げた可能性は十分あったと、私は思います。

しかし今の児童相談所では忙しすぎて対処できない。職員が少ないのと、3、4年で異動がある。しかも児童相談所とは関係のない部署にいた人が、突然、異動してきたりする。親の治療的な介入をするには、専門的な知識も必要ですから、なんとかして母親の表象にまで踏み込める研修方法を作らなければいけない」

「私はこの子を殺しそうです。助けてください」

澤田は招かれてあちこちで講演している。ある日、80人の母親を前に講演したところ、「子どもはかわいいのですが、くっついてくると、なぜかいらいらして、子どもを叩いてしまうことがあります」

1人の母親からだけではなく、そのときに出席していた80人のうち8人、10%が、そういう思いを経験したと告白した。

澤田によれば、こういう母親は、幼少期に自分が母親や父親とくっついた1枚の写真がないのだという。しかも、しつけの厳しい家庭で育てられた母親ほど、その傾向が強かった。自分の母親から、厳しくしつけられた成績優秀な優等生のいい子であるが、自分の母親の思いにがんじがらめにされた母親もいた。これもまた、虐待の1つで、娘の心には傷として残っている。

会が終わろうとしたとき、澤田を1人の母親が待っていた。

「私はこの子を殺しそうです。助けてください」

30代の母親は、思いつめて顔が真っ青だった。澤田はカウンセリングに来るようにすすめた。最初は世間話をすることから心を開き、母親が考えていること、思っていることを知る努力を続けた。何回か続けるうちに、彼女は言った。

「そういえば小さいときに、海に突き落とされたことがありました」

ＤＶの家庭で育ち、毎日のように、両親はけんかをしていた。泣いていると、

「泣くな！　うるさい‼」

怒鳴られ、首を絞められた。

彼女は海のそばに住んでいた。興奮した母親に家から引きずり出され、岸壁から突き落とされた。母親もまた海に飛び込んだ。心中を考えたのだと思われた。

そういう経験が何度もあった彼女は、自分が母親になると、子どもがおもらしをしたり、汁をこぼしたりするだけで、「何してるの⁉」と激怒して子どもをお風呂に放り込んだ。泣くと、うるさいからと首を絞めた。自分がやられたのと同じことをした。

「お母さん、偉いね。そんな思いをしても、非行にも走らず、自殺もしないで、よく生きてきた」

澤田がそう言うと、彼女は手首のリストカットの痕《あと》を見せて、「今まで何度も死のうと思いました。でも怖くて死ねなかった。死ぬ勇気がなかっただけです」と言った。

「それでも本当に死ななかったことはすごいことだよ。お子さんは、今お母さんが昔感じ

ていたのと、同じような思いをしているよ。もう怒らないで、子どもを甘えさせてやって、子育てを楽しめばいい。私はお母さんに役立つようなことは何もできないけれど、また来てください」

毎回、そうやって送り出していた。保健師にもつなぎながら、治療は5年半続いた。澤田が、この母親はもう大丈夫だと確信できたとき、「お母さん、もう大丈夫だね」と言うと、「ありがとうございます」と涙を流した。そして彼女は自然と来なくなった。

「虐待をしてしまうとやってくるお母さんは、生まれたての赤ちゃんと一緒。私たち医療従事者は赤ちゃんのお母さん的役割を演じる。

生まれたての赤ちゃんは、理屈はわからない。お説教してもわからないから、指導は絶対しない。理屈ではないんです。歩けなかった子が歩いたら、すごいね、歩けたねと褒めるのと一緒。自分の心の中を吐き出して、自分自身で心を整理して育てなおしをする。

自分はこうやって支えられていると感じると、不思議なことに必ず立ち直っていきます。虐待に悪者を作っても始まらない。社会全体で考えていかなければいけないと思っています」（澤田）

18歳の母と17歳の父

ある日虐待リスクがある妊婦に介入している産婦人科医院から連絡があった。

「望まない妊娠をしたので中絶したい」

母親は妊娠4ヵ月で18歳、父親は17歳だった。

2人で来院して中絶を望んでいるのだという。中絶を希望したものの、超音波を見て感激し、もう少し考えると帰って行った。それから1週間後、病院に「やっぱり産みます」と言ってきた。

連絡を受けた澤田は、若年であること、最初は出産を望まなかったことなどから、虐待のリスクがあるのではと考え、2人が健診で訪れる日に、保健師を伴って会いに行った。

2人は暴走族仲間として知り合い、やがて妊娠した、と告げた。澤田が成育歴を聞いてみると、2人とも、両親不仲の家庭で育ったという。家も裕福とはいえず、貧困と虐待に近い環境もあった。

そろって小さい頃に両親に甘えた経験もなければ、かわいがってもらったこともなかった。彼らの表象の写真集には、父母と楽しそうに写っている写真は皆無だった。

そのうえ、妊娠を聞いた母親の両親は激怒し、出て行けとまで言った。

「それゆえの混乱があり、中絶を望んだのだと思います。しかし出産前後は自分の過去を育てなおしやすい時期でもあります、なんとか無事に出産までたどりついて、虐待なく育てていってほしいと介入しました」

そう澤田は分析した。

それから産婦人科の健診には必ず2人で来院させ、父母に超音波で胎児を見せては、心音を聞かせた。

胎動を感じるようになると、父親はお腹を触っては喜んでいたという。けっして幸せではなかった2人はだんだんと親になっていく心の準備を始めた。

出産の日、父は立ち合い出産に臨み、生まれてきた女児を見て、しゃがみこんで声をあげて泣いた。母もまた女児を抱っこして、泣いた。

「中絶しないで産んでよかった……」

入院中は母子同室を希望し、父親は毎日やってきては世話をやいた。沐浴して気持ちよさそうな顔をしていた女児は、父親が話すのをじっと見つめて口を動かすようにしていた。澤田が、

「これは共鳴動作といって、親と同じように真似るんだよ」そう教えると、両親そろって、

「この子は賢い」

と喜んだ。この病院では事前に妊婦のおかれた状況を把握するための「子育て混乱チェックリスト」を使用し、退院してからも助産師が頻繁に電話をし、保健師も家庭訪問し

て、健診には夫婦そろってくるように、と促した。

「上手に育てているね」

「かわいい赤ちゃんだわ」

そう声をかけると、納得するように両親は、うんうんとうなづいていた。

その後2人はけんかをしながらも順調に女児を育てていった。出産を受け入れてくれなかった祖父母もまた2人と孫を受け入れてくれるようになったという。

「里帰り出産などして、家事を親に任せて赤ちゃんと自分だけの時間を作る。そのときに赤ちゃんを抱っこすると、自分もまた抱っこされているような幸せな気分になるのです。赤ちゃんってこんなにかわいいんだ、生まれてきてありがとうと思えれば、虐待は起こらないで済みます。そう感じられるようになるまで2、3ヵ月を保健師が支える、周囲にサポートがあれば虐待は必ず回避できます。高知の事件は、周囲のあたたかいサポートが十分ではなかったのではないかと思っています」と、澤田は語った。

いのちの教育――カンガルーのポッケ

四万十《しまんと》川の蛇行を何度か横切りながら、山間部を汽車がすり抜けていく。四国山地には、うっすら雪が積もり、みぞれ交じりの雪が降り続いていた。

高知県四万十町。8653世帯が山間部のこの町に暮らしている。

四万十町では、希望する保育所、認定こども園、小中学校で体験学習を中心とした「いのちの学習」を行っている。

「カンガルーのポッケ」と呼ばれる幼小児対象、胎児、乳児の成長に関するテーマを毎回決めて授業を構成し、そのテーマに合った絵本の読み聞かせをしている。

また町の妊婦に出席してもらい、実際に子どもたちが妊婦のおなかに触ったり、携帯用のエコーで胎児の画像を見る。さらには、ドアラ胎児診断装置を使って心音を聞き、日々成長している胎児の命を感じる。大きな子宮の特注のぬいぐるみもあって、その中にはいっては、母親のお腹の中にいた頃に思いを馳せる――。

四万十町役場の健康福祉課の医監で、前出の澤田の長女であり医師の澤田由紀子が学習を担当する。

２０００年、由紀子は、カナダの幼児教育の専門家、メアリー・ゴードンと出会い、「共感教育」に興味を持ち、04年、共感教育を中心とした親子支援などを学んだ。

ゴードンのプログラムでは、虐待の世代間連鎖の悪循環を断ち切るためには早い時期、幼少期からの教育が必要とされる。その考えを基本にして、日本では地域独自の風土に合ったやり方で命の教育をしなければならないと、由紀子は06年からこのプログラムをスタートさせた。

「いじめ自殺や児童虐待、子どもが巻き込まれる犯罪が増加する中で、命の大切さがわからなくなってきている。中学校に行けば、いじめから逃れるように保健室にたむろしている子どもたちがたくさんいる。

私の中学校時代を振り返れば、中学校はいちばん楽しい時期だった。なのに、どうして授業も受けずに保健室にいるのか。そんな率直な疑問もあって、命の大切さをなんとか伝えなければいけないと感じたのが最初だった」

そう由紀子は話す。

命の授業を毎月行っているこども園では、子どもたちと由紀子の距離は近い。

「子どもに、自分は大切な存在であるということを実感してもらうことが第一の目的です。それと同時に保護者もまた、妊娠中、出産時の気持ちを思い出すことによって、子どもの大切さを再認識してもらいたいという思いもあります。授業には、保護者も参加自由なので、下の子を連れたお母さんも来ます。

子どもが思春期になって、〝お父さんとお母さんは、あなたのことを大切に思っているんだよ〟と言ったところで素直には聞いてくれません。もっと早い時期からきちんとした母子関係を作る必要があるのです」（由紀子）

内容については、クラスの教師と話し合って決める。由紀子はそれをサポートする立場で、全体を構成する。

授業のために用意しているのは、前述の通り医療用の機器のほか、スタート時は胎児の人形を各月齢別に作製した。この教育に賛同したボランティアが、海岸で集めた砂で、重さを月齢に合わせて調整している。砂の周りにはコットンを巻いて、柔らかさを出している。（現在は既成のものもできたのでこれを使用している）

出産の話をじっと聴く子どもたち

8年前、初めて授業を見学した日は、「おっぱい」がテーマだった。しかし折からインフルエンザが猛威を振るい園児の欠席が多く、テーマを変更して、3児の母である幼稚園の教師の出産の話になった。

教師は、パワーポイントで写真を見せながら、出産体験を語っていく。

「これはみえ先生の小学生の息子です。この子は産まれて2日目に呼吸が止まってしまう脳の病気にかかっていることがわかりました」

幼稚園児にこういった出産の話がわかるのかと思いきや、28人の園児はじっと話に聞き入っている。

四万十町は、高知空港から車で2時間の場所にあり、町には小児科の救急施設はなく、車で1時間かかる病院に行かなければならない。妊娠・出産時に何かあれば、救急車で山道を走りながら、愛媛か高知市内の病院に行くしかない。

この教諭の長男の命は一刻を争う事態だったため、まずは救急車で1時間離れた四万十市の病院へ。さらにヘリコプターで高知大学医学部付属病院まで搬送されることになったのだという。

「みえ先生の子どもはね、酸素マスクをつけて、1人でヘリコプターに乗らなければならなくなりました。みえ先生は、赤ちゃんを産んだばかりだったので、行けなかったのです。運ばれるときの顔を思い出しては『どうか生きていて！　助かるのよ！』ってお祈りしました」

「赤ちゃんに会えない寂しさで先生の心に栄養がなくなって、お乳も出なくなったんだよ。搾乳器でお乳を搾るんだけど、それも出なくなった。搾った少しのお乳を母乳パックというビニール袋に入れて、お父さんに持っていってもらうんだけど、『お乳が出なくてごめんね』と泣いていました……」

「『言葉がしゃべれなくなるかもしれないから』とお医者さんに言われたので、お話や歌をテープに吹き込んで、病院の看護師さんに『息子に聞かせてください』ってお願いしました」

誰もが真剣に聴いていた。騒ぐ子どもはいない。

体中に医療機器をつけられた赤ちゃんの写真を食い入るように見ていた。

「本当だ、目を開けちゅうね」

「笑ってる」

話しているうちに、教諭は、当時の様子が思い起こされたのか、感極まって涙ぐむ。いつも元気な、みえ先生が泣いている。

「みえ先生！」

そう言って目に手をやって、涙を拭いた子もいた。未就学児でも十分に理解できていることに驚いた。

話が終わると、今度は読み聞かせ。園児たちにとってはおばあちゃんの世代に当たる地元の主婦のボランティアが『おたんじょうびのひ』という絵本を読む。このときも熱心に絵本を見つめていた。

「おうちに帰って、みんなが生まれた日のことを、おうちの人に聞いてみてね」

妊娠していた保健師の胎児のエコーを見て心音を聞く。胎児の人形を抱くことも。

「お腹の中でお母さんとおへそでつながっているんだね」

「赤ちゃんの本当の重さがわかった」

「自分の心音を聞いて、自分が生きちょうがと思った」

「おっぱい」の授業のときのアンケートが保護者から戻ってきた。

「みんなもおうちに帰ってお母さんのおっぱい触ってみて、と先生に言われたというので触りに来ました。その様子を見て小1になるお姉ちゃんも触らせてと言ってきました」

生まれて1ヵ月の赤ちゃんを抱いたときは、

「頭だけが重かった。緊張した」

赤ちゃんの体や脳の発達に影響があるので、酒を飲んだり、たばこを吸ったりしてはいけないこと、赤ちゃんがいる人にはまわりの人がたくさんお手伝いをしなければいけないこと、お腹をぶったり、蹴ったりしてはいけないことも教える。

「幼稚園児にこんなことを教えてわかるのか、と言われますが、きちんとわかっています。授業の初めに『前のお話は何だっけ』と聞くと、きちんとその内容を覚えていて、理解していると思います。

性の知識も一通り教えていて、見学に来た小学校の教師が『小学校の高学年並みですね』と驚かれていました。性知識といっても命の教育の一環の知識です。正しい性の知識を教えれば小さい子どもほど正しく吸収してくれます。高知県は望まない10代の妊娠、中絶の多い地域でもあり、少しでも減少するといいのですが……」

虐待、暴力、人工妊娠中絶、若年産婦、性感染症、いじめ、自殺、他人を傷つけること。命の授業だけで、すべてを防止できるとは考えていないが、由紀子は少しでも減少することを信じている。

前出の弁護士、中島は『子育て支援ネットワークオレンジこうち設立準備会』立ち上げに携わった。さらに高知市内に「こども支援ネット　みんなのひろっぱ」を作り、子どもたちの居場所を準備した。子どもが食事をとったり、困り事を相談し、自由にくつろげる居場所の確保が急務だと感じたからだ。

「家庭や社会に居場所がない子どもたちすべてを対象とした居場所で、地域の人たちとともに、来てくれる子どもたちの期待に応えたいと思う」

不登校の子どもと貧困

東京都北区で50年以上続く、老舗の銭湯「殿上湯」の3代目店主、原和夫は、保護司をする傍ら、16年間、いじめ、虐待、経済的な困難の中で生きる子どもたちに向き合ってきた。そもそも学校とかかわるようになったのは、娘が小学校の高学年のときに、〝なり手のいなかった〟ＰＴＡ会長を引き受けたことだった。

「当時、大阪の大教大附属池田小学校の小学生無差別殺傷事件があって、どうしたら子どもたちの安全が守れるのかと、学校側と保護者も含めて議論をしました。その結果、誰もができることから、即ち子どもに声をかけ、子どもの声を聞いていこうということになりました。

僕はまず小学校の午前の20分休みに校庭に行き、子どもと遊んで顔見知りになった。夜間のパトロールもしたね。子どもたちのことを大人はちゃんと見てますよ、ということを感じてくれれば犯罪も起こらなくなるんじゃないかと考えていました」

子どもや保護者と交流が進むにつれて、いろいろな人がやってきては、相談を持ちかけるようになった。

「銭湯のおじさん」が立ち上がった

ある日、70代のおばあさんが原を訪ねてきた。

「自分の娘が、精神の病気のせいか、小学校6年生になる孫をひどくせっかんしている。私はこれから入院します。孫のことが心配でなりません。どうしたらいいでしょうか」

早速、原は担任の教師、校長らにこの話をつなぎ、対策を考えた。児童相談所に介入してもらう道も模索していた。

「おばあちゃんは、それから1週間くらいして亡くなりました。孫を何とかして救いたいという遺言だったと思います。その後、児相も動いてくれて母親に改善を要求しましたが、中学に入ると引っ越していき、その後の消息がわからなくなってしまいました。

虐待や貧困は一般にはわかりづらく、自らはけっして第三者には訴えない。この事件は僕にとって衝撃でした」

娘が小学校を卒業すると、原は地元の中学校のPTA会長になった。ここは保護司として非行傾向の強い生徒とは日頃から接していた。しょっちゅう顔を出していた場ということもあり、保健室に行くと顔見知りの生徒がいた。

「なにやってんの、授業出ないの」

「かったるいもん」

「学校なんて、みんなかったるいんだよ〜」

そんな軽口を叩きながら接していると、その子その子がおかれている状況が見えてくる。養護教師と連携しながら、問題行動の背景に何があるかを探っていった。

貧困や親からの虐待、親、とりわけ母親のアルコールや精神疾患もあり、それぞれのケースについて研修会で勉強していった。

これらの問題は学校が扱うには重すぎ、親も子どももそれを隠すので、見つけるのは困難に近い。また週1回しかやってこないスクールカウンセラーでは、生徒の顔さえも見分けがつかない。生徒が心をゆるして何でも相談できるという雰囲気ではなく、原が立ち上がるしかなかった。

「ひまわり教室」は週2、3回の登校でいい

「中学校で不登校児が増えて、学校としても困っている。原さん手伝ってくれませんか」

ある日、養護教師からそう告げられた。

生徒の不登校が続くと、区の適応指導教室につなげて、そこに通うような仕組みになっているが、家から遠いと通いづらく、しまいには行かなくなってしまうのだという。通常

の中学校でも3ヵ月に1回程度しか登校しない子にとって、その敷居は高い。

どんな方法を講じたら通うようになるのか。悩みつつも養護教師やスクールカウンセラーの協力を得ながら、不登校の生徒の話を聞き取りに、家庭訪問することにした。

「学校に連れ出すための訪問ではなく、不登校の生徒たちにとって、どういう場所なら通えるかを聞き出していきました。その結果、不登校の生徒は、必ずしも学校が嫌いなのではないことがわかりました。いじめなどで傷つき、通常のクラスメートとの接触を嫌がる。さらに人からじろじろ見られるのを嫌う、声をかけられるのが怖い。対人関係に不安を持っていることがわかってきた。安全な場があったら来るか、と言うと、毎日は行けないかもしれないけれど、努力はすると返ってきました。それで学校側に、不登校児が通えるための教室の確保をお願いしました」

学校関係者でもない、単なるPTA会長に不登校児を任せてもいいのか、という議論もあった。だが、当時の校長は原を信用し、教師と連携をとりつつ学級運営を託し、職員室の隣の印刷室を提供してくれた。

外部には不登校児が通うフリースクールがすでにあった。が、原は学校内に専用の部屋を作ることにこだわった。

それには、2つ理由があった。学校が学びの場だからというのが1つ目の理由。人生には自分の性格に合う人も合わない人もいて、思い通りにいくこともいかないこともある。それを学ぶのが学校の存在意義。その原の信念が学校内部での開設となった。

また2つ目は外部のフリースクールは、授業料が必要だということ。経済的に余裕のある生徒は通えて、困窮世帯の子は通えない。そういう不平等を作りたくはなかった。地域で誰もが通える学級を、どうしても作りたかったのだ。

「ひまわり教室」──そう名づけられた教室は、「週2、3回の登校」「遅い登校」を認め、生徒たちにとって安全な場所を作り上げていくことにした。運営のために大学院生のボランティアを探し、原は生徒の担任に様子を伝え、担任の要望を聞いては生徒への対処を考えた。

「特別な工夫はなく、お互いの信頼です。親や学校だけではなく、子どもは地域が育てていくものだと思っている。生まれ育った環境や経済的な問題は子どもの責任ではない。私は保護司もしているので、そういう問題を抱えている子と、民生委員や保健所や福祉関係の機関への橋渡しができる。それを学校側も評価してくれたのだと思う」

以降、原が家庭訪問を行い、「ひまわり教室」に通えるようになった子どもは4年間で十数名。全員が高校に進学した。

いじめから不登校になったリョウ

小学校でのいじめが原因で不登校になった中1のリョウは、中学入学に合わせて校長、担任教諭、養護教諭、母親らと面談を行い、まずは学校の校門までの登校を目指した。しかし校庭に生徒がいるとわかっただけで、引き返してしまう。

「ひまわり教室」への登校も考えたが、ひまわりといえども複数の生徒がいることで、しり込みしてしまう。リョウの担任教諭は1対1で向かい合うことを決めた。

部活の終わった夜の学校に登校させ、それが慣れると、カウンセラーの空き時間にカウンセリングルームで話をした。1、2年はそうやって過ごした。

大人だけでリョウに対応していることに危機感を感じた教諭は、「ひまわり教室」への登校を提案した。そこで原がリョウにひまわりに登校しないかと誘った。

2年生のときにひまわりに通うことも考えたが、女子生徒が多いということで躊躇《ちゅうちょ》していたのだという。3年生になったときは、他に在籍の生徒もいなかったので、登校することができた。ここで勉強し、大学生のボランティアと趣味の話をして過ごした。

ひまわりに登校できるようになったリョウに修学旅行への参加が打診された。リョウとは仲が良かった友人も「一緒に行こうよ」と後押しすると、驚くことに、リョウは参加を決めた。周囲は「本当に行けるのか」と不安だったが、「行く」という意思を尊重しようと、教諭も原もバックアップを決めた。

それでも、いきなりクラスの集団に入るのは難しい。リョウは原と2人でクラスとは別ルートを回る。リョウは回る場所をネットで検索しては、修学旅行を楽しみにしていた。

修学旅行の1、2日目の夕方まではリョウは原と一緒だったが、2日の夜のクルーズに、友人たちが部屋を訪れて、行こうよと誘った。

「表情がいきいきとしてくるのがわかりました。帰ってくると『友達と仲良くなって、楽しかった』と言いました。3日目は、私と一緒ではなく、班行動にも参加して、これが大きな転機になったと思います。その後はひまわりにも毎日登校できるようになり、仲のいい友達もまた、ひまわりに遊びに来るように。2学期の途中からは、通常のクラスにも少しずつ出席できるようになっていきました」

こうして時間をかけて、リョウはクラスメートとともに卒業していったのである。

高校卒業まで見守りたい

現在、原は毎日、午前9時半には、「ひまわり教室」に向かい、午前中はそこで過ごし、ひまわりの生徒と交流する。そして教師たちとミーティングして打ち合わせ。午後2時には家に戻り「ちゃんと仕事をします」と。夜は必要に応じて、保護者に会いに家庭訪問する。深夜のパトロールが入ることもあるのだという。「余計なお世話」だが、やらずにはおれない。

「あきらかに貧困が原因で不登校や非行に走るという子もまだいます。最近目立つのは母親のアルコール依存や抗精神薬依存です。子どもを大事にしなければいけないという意識はあるものの精神的に不安定になり、子どもをネグレクトしてしまっている。特に30代後半から40代の女性に顕著に表れている気がします。女性の社会進出は思った以上に負荷があって、それがキャパシティを超えているのかもしれません。再チャレンジも難しい社会ですし、特にひとり親家庭では現実とのギャップで深刻な状態です」

児童館の職員から、中2のアキラの情報が入った。仲間と一緒にいるのだが、消しゴムなどを盗んで周囲の友達から浮いてしまっているのだという。アキラの友達に理由を聞くと、借りたゲームソフトを返さない、マクドナルドの代金も借りたまま。それで仲間外れにされていた。

教師にアキラの学校での様子を尋ねると、不登校が続き、教材費も未払いだという。深夜に出歩いている姿も目撃されており、さらに近所の人は、母親が昼間から酔っぱらっていると証言した。

原は、情報の断片を集めながら、保健師らとともに、アキラの家を家庭訪問することにした。玄関を入ると目に入ってきたのは、焼酎の瓶の山。母親は泥酔状態だった。原らは、母親を病院に、アキラを児童相談所で一時保護してもらった。

母親が依存に陥った原因は、仕事場をリストラされたことにあり、シングルマザーで誰にも相談できずに、1人で酒を飲んで気を紛らわせていたという。

アキラは家で母親が1人酒を飲んでは泥酔している様子を見たくなかった。家に居場所がなくなったアキラは、夜の町に出かけていくのだが、お金がない。友人に借りては踏み倒すなどを繰り返していた。友人にも何も告げられず、1人でじっと時が経つのを待っていた様子だったという。

その後母親は病院に入院してアルコールを断った。徐々に依存症を克服し、現在に至るまで酒は一滴も飲んでいない。アキラは貧困の中で大人になり、中学を卒業後は、働きながら定時制高校を卒業して就職した。現在は、母親と2人で暮らしている。

実父の虐待で傷ついたマコト

地域に根差し、地域の子どものために活動してきた原。長年の活動の中で、つらかったことはないか、と原に質問した。間髪入れずに「子どもに自殺されたこと、これほどつらかったことはない」と言った。

その子、マコトは小さい頃に、実の父親から身体的にも心理的にも虐待を受けて育っていた。両親は離婚したが、虐待の後遺症は強かった。

「初めて会ったときに虐待のことを聞いていたので、マコトの中には、虐待のせいで、必要以上に警戒心が芽生えていて、他人との関係がうまく築けないのだなあと思いました。しかしとても優しい子でした」

小学校の頃から原とかかわりがあったマコトは、小、中学校ではごく普通の生徒だった。しかし、高校に入学すると地元でも有名な非行グループに入って、だんだん変わっていった。けんかや恐喝にも手を染める。

言葉でのコミュニケーションが苦手だったマコトは、言うよりも手が早い。暴力衝動を抑えられずにいた。さらにスイッチが入ると、誰かれ構わず教師さえも殴った。

「コントロールできない自分が怖い」

マコトは保護司である原にそう訴えた。

マコトの母親は、専門的な技術を持っていて、家はそれほど貧しくはなく、それなりに普通の暮らしを営んでいたようだ。けれども仕事のストレスで抗うつ剤を服用するようになり、家に帰ってくるとクスリでもうろうとする。そんな母親をマコトは見たくないと、家を出て繁華街を徘徊。気に入らないとけんかを繰り返した。

原はずっと彼を気にかけていた。会って話をしなくなってからも、動向を知りたがった。やっとマコトを知る人から、高校を卒業して元気にやっているということを聞いた。

それから2ヵ月。マコトは自らの手で命を絶った。

遺体安置室で対面した原に、母親は言った。

「私が殺したようなもの」

病気とはいえ、薬に頼った自分がいやで、家に帰ってこなくなったマコト。母親はそう言って泣き伏した。原もまた後悔した。気になっていたのなら、なぜあのとき、もっと踏み込んでいなかったのか。悩みを聞いて、病院などにつなげられる場所があったのではないかと悔やんだ。

「虐待を受けている子は、実は大人が思っている以上に傷ついている。自尊感情がないので自信がなく、他人の評価をすごく気にする。自尊感情が持てて、自分を肯定できるようになるまで、根気よく対応することが必要なのです。それをわかっていたのに……。マコトに会いに行けばよかった――」

原のところには、今もひっきりなしに中高生が相談にくる。2年前にも、高校2年の女子生徒から「死にたい」と自殺の相談を受けた。

そのとき、原はこう答えた。

「いつでも死ねるから、騙されたと思って、3年我慢してごらん。3年経てば心も体も変わっているよ」
2、3日という直近ではない。3年という遠い日を設定することで、切羽詰まった子でも3年先に目をやることができる。「3年か、随分先だね」と女子高校生は帰って行った。
「大人の頭でわかったような態度で、子どもの話を聞いてはいけないんです。大人だって何も知らないいんだから、どうしたの、という謙虚な気持ちで向き合うことが重要です。

『死にたい』と彼女が言って今年が3年目。果たしてどういう状況になっているのか。

『大丈夫です、やっていける元気が出ました』と言ってくれれば私は嬉しい」

地域で子どもを育てる。家族が守ってやることができなければ、地域で守る。守っていけるのは、その地域に住む大人しかいない。

第7章
急がれる貧困対策

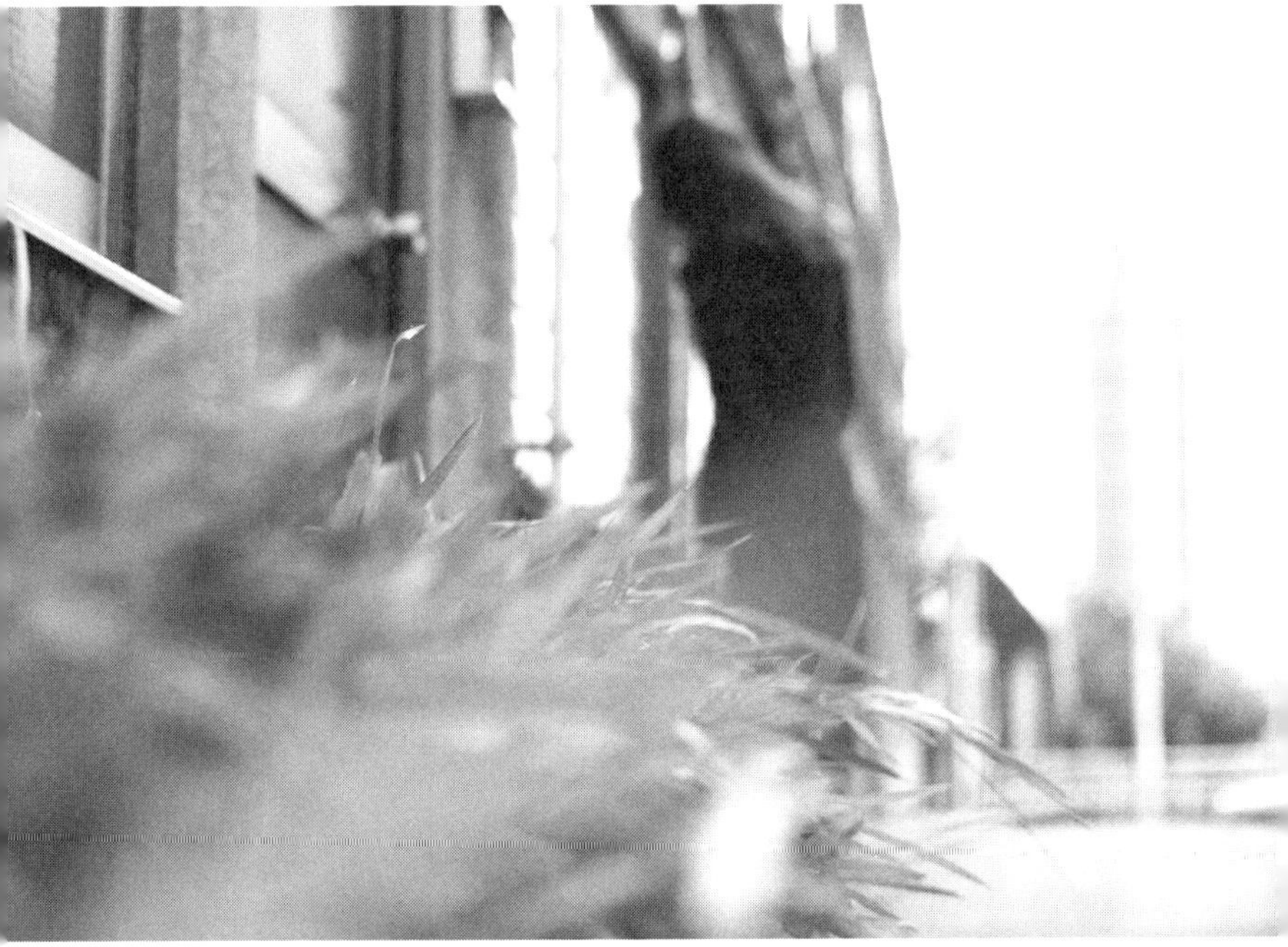

「フードバンク」という子ども支援

夏休みに渡せる子がいる

貧困の中にいる子どもたちにとって1ヵ月以上も続く夏休みは、健康に支障をきたしかねない。給食がないからだ。実際に昼ごはんを食べられない子どもも多く、小学校の養護教師からは「夏休み明けに体重減少の傾向が見える」という報告がある。

2015年夏、全国で初めて「フードバンクこども支援プロジェクト」を実施したのはNPO法人『フードバンク山梨』。給食のない夏休みに子どものいる家庭に食料を宅配するという試みだ。8月末の1ヵ月間、週1回、127世帯に送った。母子世帯は全体の65%。17企業団体が協賛、ボランティアは134人が参加した。

前年同NPO法人では、食糧支援をした20歳未満の子がいる家庭269世帯に「食生活調査」を実施した。回答のあった70世帯の調査結果は、1人1日当たりの食費は、400円未満の世帯が全世帯の7割に及んだ。1食平均すると120円あまりだという。

それを受けて、この夏休みに送った食料は、米、トマト缶、カレールーなどの基本セットに加え、家族のアレルギーがあるかどうか、電気、水道、ガスが使えるかどうかの事前申請の情報を参照しながら、家族構成に合ったお菓子やジュース、カップ麺など。学生ボランティアの手を借りながら、箱詰め、宅配作業をして送り出した。

いつもなら買えないお菓子がある!

土曜日の午前中、めぐみさん（37歳）の家のチャイムが鳴った。

「あっ、フードバンクだ!」

末っ子の8歳の次男が廊下から玄関に飛び出していく。そして、10歳の次女、12歳の長男と続く。最後に長女（15歳）。1種類のものが子どもの人数分入ってはいないので、好きなスナック菓子から羊羹《ようかん》まで、じゃんけんで勝った順に取っていく。

普段買わないジュースやホットケーキミックスも入っていた。

「もう、箱を開けたら、すぐに4人で誰が何を取るかって、じゃんけん大会です。子どもたちは毎週送って下さることをどんなにか心待ちにしているか……私はどんなに感謝しても感謝しきれません――」

めぐみさんはシングルマザーで4人の子どもを育てている。離婚した後も元夫と同居していたが、期限を切られて「ここから出て行ってくれ」と言われたため、アパートを探し始めた。ところが「子どもが4人いるシングルマザー」だとわかると、どこの不動産業者も渋い顔をした。シングルマザーだから家賃を滞納するのではないか。子どもが4人もいたら騒音などがあるだろう、などなど。それでもやっと貸してくれる人が現れ、家賃4万5000円の3DKのアパートに引っ越すことができた。

元夫は、もともと家事や育児に参加してはくれなかったが、毎月の生活費はきちんと入れた。しかし結婚生活最後の1年間、生活費は一銭も入れず、食費にも事欠くようになっていた。めぐみさんは、4人の子どもを育てるために必要に迫られて、パートに出た。

「シングルマザーだから」を理由に、電話口で断られて面接までも進めなかった。1社や2社ではない。シングルマザーの正社員を拒む企業が数多くあった。

「子どもが病気になったときに、面倒をみてくれる人はいますか?」

めぐみさんの両親は幼い頃に離婚していて、現在、父も母も音信不通になっている。学生時代の友人や実妹とはつながっているが、急には頼めない。そのことを告げると電話を切られた。

コンビニのパートでつないだが、知り合いの伝手《つて》を頼り、1年前からコンサルタント系の会社に勤めている。時給制のパートだが、月に13万~15万円の収入がある。そのお金さえも無心する元夫。めぐみさん自身だけではなく、子どもたちにまで暴力的な言動を繰り返した。子育てには一切参加せず、家庭はすでに機能しなくなっていた。

精神的にいきづまって「死んだほうがまし、死にたい」と思うようにもなった。元夫のTシャツをハサミで切り刻み、枕に包丁を何度も突き刺した。そんな母親の姿を子どもたちは見て沈んでいた。そこでめぐみさんは、布団と衣服など、身の回りの最低限のものだけを持ち、自らの軽自動車で元の家と今の家を往復して引っ越しした。元夫には行く先も告げずに出たが、引越し当日の夜メールが入った。

「持っていった中にあった俺のものを返せ。置いていったものは全部捨ててやる」

嫌がらせだった。

「来年の3月で学校を卒業する長女と長男がいるので、以前通っていた小中学校まで車を運転して送って行きます。そのため、ガソリン代も必要ですし、時間にも余裕がありません。働かなければ収入も減ります。この先、私が病気になったり、死んでしまったりしたらどうしようと心配になります。でも今のところ、優先順位の1位は子ども。あとはひとり親家庭の保障制度を頼るしかありません」

夏休みの間、フードバンク山梨の援助があって、経済的にもなんとかやっていけた。食べ盛りの子ども4人のいるめぐみさんの家の食費は、月平均して7万円かかる。夏休みともなると昼食代が要るので、その1・5倍～2倍かかることもあるが、8月も7万円で済んだという。米は「好きなオカズなら際限なく食べる」とあって、毎月20kg以上食べるが、8月はフードバンクから1週間に6kgずつ、4回もらったので、米を買わずに済んだ。

1日3食、めぐみさんが仕事に出るときは、電子レンジで温めるだけの料理を作って出かけるが、15年夏は2人の娘が、フードバンクのカレーセットを利用して作ってくれた。

「シングルマザーになってほんの数ヵ月だったので、頼るところが何もなかった。市役所で制度を知り、慌てて申し込みました。おかげで家計的にも助かりました。経済的に余裕があれば、体も精神面も楽になります。子どもたちは、今度はメロンパンが食べたいと言っています（笑）」

高校受験を控えた長女にめぐみさんは言った。

「日本はまだ学歴社会。中学で終わるよりも、高校まで行ってほしい。本人が希望する公立高校に進んで、高校生活を楽しんでほしい」

めぐみさん自身は、将来を見据えて整体師の資格を取っていく予定だという。

食品ロスが「幸せ」を運ぶ

「フードバンク」とは、食品企業の製造工程で発生する規格外品などを引き取り、福祉施設等へ無料で提供する団体活動だ。まだ食べられるにもかかわらず廃棄されてしまう食品（いわゆる食品ロス）を削減するため、企業や一般家庭、農家などの個人の支援者がフードバンクに食品や食材を提供して、フードバンクが福祉施設や団体、あるいは困窮家庭に食品を届けるというシステムで行われている。

アメリカでは、すでに48年も前からフードバンクが存在したが、日本では２０００年以降フードバンクが設立され始めた。09、13年に農水省は「フードバンク活動実態調査事業」を実施して、活動の実態を調査している。この調査に応じた団体は、全国に40ある。

このシステムで企業側は廃棄コストが減り、受ける側は食費が節約でき、おいしく、満足のいく食事で精神的にも充足感が得られると言われている。

先述の山梨県南アルプス市にあるＮＰＯ法人『フードバンク山梨』（米山けい子理事長）もその１つ。08年に設立され10年から行政や社会福祉協議会と連携し、それらの相談窓口を通して申請した、生活保護を受けていない生活困窮世帯に無料で食品を届ける「食のセーフティネット事業」を全国で初めて実施した。14年度は食品の取扱量は１０５トン。そのうち個人宅配は約39トンで、４５４世帯、１００７人を支援した。そのうち19歳以下の子どもの人数は、３５８人。支援人数の35・６％。支援回数は４３７９回にも及ぶ。賞味期限がきちんと明記されているもの、賞味期限が１か月以上あるもの、未開封であるもの、破損で中身が出ていないもの、お米は常識の範囲内で古くないものを受け入れ、配布している。

支援先は、児童養護施設、障がい者福祉施設、路上生活者支援団体、外国人支援団体、そのほか、行政福祉課や社会福祉協議会を通じて生活に困窮している家庭に渡している。

「生協の理事長を辞めて、地域の中でボランティアをしたいと思っていました。もともと食に関心がありフードバンクをすることで食品ロス削減や貧困問題の解決に貢献できるのではと思ったのです。それを個人でするのではなく、行政と協働でやるべきで、それが地域に広がっていけばいい」（米山理事長）

南アルプス市の自宅から活動を始め、企業を回って寄贈品を集め、ガレージは食料の倉庫になった。そして市の福祉課に行き「食料品が必要な方に配ってください」と食品を置いてもらった。

福祉課には、50円、100円を持って「これしかない」と相談に来る人がいた。経済状態がギリギリになってから来るのだという。そのような人たちに食料を渡した。

「それが何度か続くうちに、フードバンクが有用なことがわかってきたようです。当時は『まだまだ日本に貧困なんてあるの？』と言う人もいましたから、市民も巻き込んでいこうとカップ麺1個からでも寄付できる〝フードドライブ〟という活動も開始しました。社

会の温度が変わらないと、こういう活動は広がっていきません」（米山）

子どもがいる家庭には、子どもが喜びそうなお菓子の袋を上に入れる、80代以上のお年寄りには、固いものは除くなど、ひと手間かけて箱詰めする。その心遣いもまた被支援家庭では好評だ。

豪邸に住み、毎日「おかゆ」で生きる女性

一般的に路上生活者は明らかに貧困だとわかるが、地域の貧困や子どもの貧困は見えづらい。12年に実施した利用者のアンケートでは《支援がなければ、餓死するか、万引きするか、拾い食いをするしかなかった》との記述があった。

より広く利用者の状況を把握しようと、フードバンク山梨では、手紙や電話での相談を受け付けている。

「食パン1斤も買うお金がありません」と、そう支援を求めてきた女性の家に米山は向かった。すると女性は、大きな屋敷で暮らしていた。外からはとても困っているようには見えないのだが、毎日おかゆだけで命をつないでいた。

またあるシングルマザーは、年末になり残高33円。正月の支度もおせちも買えないという。家計が逼迫《ひっぱく》すると、服やアクセサリーを売って給食費にあてたという。

60代、自営業の女性が「死にたい」と言ってきた。借金の返済があり、働いても働いても返済に回さなければならず、疲れ切っていた。誰にも頼ることができず、フードバンクでやっとつながった。2年間やりとりが続いた。手紙が来た。

「フードバンクがあったおかげで、ここまで生きてくることができました。生活もやっと改善しました。どうか世の中の方のために頑張ってください」

米山はこれを読んで「他人のことが思いやれるようになったのでもう大丈夫」だと確信した。

「相談の内容があまりにも重篤で、つながりようにも血縁も地縁もない。こういう人は、声を上げることもできない。そして貧困だけが進行していってるのが現実です。怪我や病気や失業で誰にでも起こりうる。他人事ではない。今自分は関係ないけれど、子どもや孫がどうなるのか、そう推測して貧困への認識を変えていってほしい」

「食生活調査」(フードバンク山梨)では、1日で主食、主菜、副菜が揃う食事の回数は0回とした家庭は、86%と多く、栄養上望ましいとされる1日2回以上の人は、ほとんどいない結果になった。

「お腹を膨らませる米や麺などの炭水化物から摂取するしかなく、肉や魚、野菜や果物をあまり買うことができない。そのような家庭の子どもは、給食のない夏休みに体調を崩し

たり、痩せたりすることが多く、支援でバランスの良い食事をとればいいと思い始めました」（米山）

フードバンク山梨には、続々と夏休みのプロジェクトへのメッセージが届いている。

《私たちは孫2人と同居しています。主人70代、私60代。主人も孫を預かるようになって、今まで以上に仕事を頑張らなければと思いますが、自営業のため収入が途切れてしまい経済的に苦しくなることがあります。孫を食べさせていかなければならないので切り詰めています。今回初めてこちらから支援を受け孫たちに食べさせてやることができました》

《品物が届きました。この仲間に入れてくださったこと、心から感謝致します。私は今月一度もお米を買わなくてすみました。牛乳や卵、納豆、チーズ、お肉などのいつももっと多めに食べさせてやりたかったものにお金を回すことができ、ありがたくて涙が出ます。それで5000円以上の出費を抑えることができました。2年以上穴の開いた靴を履いている孫に、なんとか靴をと考えています》

年を追って、順調に活動の幅を広げてきたフードバンク山梨だが、課題もある。15年4

月から「生活困窮者自立支援法」が施行され、これまで、国の「社会的包摂・『絆』再生事業」によって、厚労省から県を通じて補助金を受け取り事業を実施していたが14年度末で終了。それ以降は、同法に基づき、地方自治体が実施する事業の委託を受けることで活動を継続させようとしたが――。

法制度の変化で一部の自治体から委託を受けられなかった。南アルプス市など7市で継続しているが、これまでのように宅配料や人件費が払えるか。活動の規模も縮少しなければいけない問題に直面している。

「『餓死する寸前でたすけられた。支援をぜひ続けてほしい』という高齢者からの手紙も来ます。支援できなくなった家庭では、子どもたちが十分に食べられているか心配です。

私たちの事業は、誰と誰とをつないでいるとは見えにくい支援ですが、そこには新しい形の縁がある。単に食べ物を届けるのではないのです」

14年の厚労省の調査では、日本の食料の不足による死者数は24人。11年では45人だった。この差は何か。食料支援のNPOや団体が増えたことも要因だと思う。貧困問題を少しでも解決するためにはNPOの協力が不可欠で、それを行政がサポートしなければ、この数字は増えていくだろう。

「子ども食堂」にある希望

池袋から私鉄でひと駅。豊島区要町に『要町あさやけ子ども食堂』が第1、第3水曜日の午後5時半から開店する。ここはNPO法人『豊島子どもWAKUWAKUネットワーク』が運営しており、同法人の理事である山田和夫が店主となり、1人300円で野菜を中心としたバランスの良いおかずと白飯、味噌汁、食後のフルーツの夕食を提供している。子どもは無料だ。

第1水曜日の午後6時過ぎ、食堂の前にはママチャリが並んでいた。山田の自宅である玄関の扉を開けると、三和土《たたき》には、たくさんの靴。平均すると40〜50人だが、80人来たこともあったという。日本人ばかりでなく、近所に住む中国人やネパール人の親子の顔も見えた。

やってくる子どもたちから〝じいじ〟と呼ばれる山田は、6年前に妻を亡くした。自宅でパン屋を開いていた妻の遺志を継ぎ、週に1度パンを焼いてはホームレス支援団体に寄付してきた。ところが子どもたちが独立し、ひとり暮らしで地域とのつながりに乏しく、孤独な日々を送っていた。

「ここで元気になって、帰ってくれたらいい」

地域の集会で山田が「子ども向けの食堂をやりたい」と発した一言を、同NPO理事長である栗林知絵子が聞き逃さなかった。

「それをうちのNPOで運営しましょう」

「子ども食堂」とは、商店や民家を利用して、地域に住む子どもや住民に食事を提供していく場所だ。当時、山田はすでに先行していた大田区の子ども食堂『気まぐれ八百屋だんだん』を見学。ノウハウを勉強した。幸いなことにパン屋をしていたおかげで飲食業として保健所の許可が下り、子ども食堂実現にこぎつけた。

山田の自宅は2階の寝室を除き、すべてが開放されている。1階は食堂とキッチン。キッチンには50代を中心としたボランティアのスタッフがひっきりなしに食事を盛り付けていく。食事を終わった子どもは2階で学生ボランティアや子どもたち同士で遊んでいた。

1人でやってくる子どもや高齢者もいるが、圧倒的に多いのは、母親と乳幼児だ。山田はシングルマザーか、貧困かなど一切詮索はしない。ここに集まって食事をし、同じママ同士やスタッフと話をしてひと時を過ごす。

「ここで元気になって帰ってくれたらいい」

それがポリシーだ。

ワンルームのアパートに住む母子

13年春にオープンし、延べ2000人以上の胃袋を満たしてきた。母子は温かい気持ちで帰って行く。この業績に対し、山田は東京都社会福祉協議会の「きずなづくり大賞2014年」で東京都知事賞を受賞した。

こういった一連の動きに影響を受け、今や子ども食堂は全国的な広がりを見せ、東京都の『ねりまこども食堂』など関東だけでも20ヵ所以上。大阪では『大阪子どもの貧困アクショングループ』、福島県会津若松の『寺子屋方丈舎』などができている。

栗林が話す。

「乳幼児のうちからの支援はとても有効です。特にひとり親の家庭では、〝しっかり育てなければ〟という気持ちが虐待にもつながりますし、経済的にもギリギリでやっているので、ストレスがすべて子どもにいってしまいます。べったり一緒にいる母親と子どもにそれぞれちょっとした別々の時間をつくって、虐待や貧困の連鎖をとめることもできると思います。乳幼児を連れた母が孤立しないばかりでなく、他人の子と自分の子どもが遊ぶ姿を見て、お母さん自身も変わっていく。場の支援こそが子ども食堂の良いところでしょう」

栗林の中には原風景がある。生まれ育った新潟県の自然の中で、暗くなるまでめいっぱい遊んだ体験だ。雪の中、裸足で遊んだこともある。遊び終わると近所の親戚のおばさんから「ご飯食べていきなよ」と声がかかった。

そういう遊びと地域とのかかわりを自分の子どもにも体験させたくて、大人も子どもも対等に、屋外で自由に遊べる『池袋本町プレーパーク』の運営にかかわるようになった。自分の遊具のほとんどない原っぱで、木に登ったり、穴を掘ったりして遊ぶ子どもたち。自分の子もよその子もなかった。

やってくる子どもが、栗林に想像もつかないような話をぽつりぽつりと話し出した。

「昨日からご飯を食べていない」

「お父さんとお母さんがけんかをして、お母さんがぶたれていた」

ある日、雨が降り出し、プレーパークを中止しようとすると、泣き出した子がいた。

「プレーパークを閉められると行くところがなくなっちゃう」

聞けば女の子の家はワンルームのアパートで、土曜になると「遊びに行ってきなさい」と外に出されてしまうのだという。

「私は貧困もDVも住まいの問題も何も関心がなかった。しかし、08年に年越し派遣村の一連の報道で、社会に起こっている貧困の問題が、だんだんつながっていったのです。それからは、今起こっている社会問題や福祉のことが気になって、社会活動家の湯浅誠さんが講師を務めた〝活動家一丁あがり！〟などの講座に通って、知らないことを理解できるようになりました」

「勉強したくなったらおいで」

栗林に最初の一歩を踏み出させたのは、プレーパークに遊びに来ていたタカシ（15歳）。2011年夏のことだった。

「都立高校は無理だって言われた。僕は高校に行けるかどうかわからない」

ぼそっとつぶやいた。

「無理じゃないよ。勉強したくなったら協力するからいつでもおいで」

自宅の場所を教えて、栗林が家に戻ると、タカシが立っていた。

「本当に勉強を教えてくれるの」

タカシの家はシングルマザーで、母親が必死に働いて姉とタカシを育てていた。タカシの夕食はスーパーで買うお弁当だった。

9月からは毎日、自宅を開放して無料学習を始めた。初めて栗林の家に来たとき、家族が一緒に食事をする風景を見て「キモイ」と言っていたタカシ。ひとりでの食事だったので、奇異に写ったのかもしれない。それにも徐々に慣れていった。

「彼がわが家にやってきたとき、小学校3年生の小数点の計算のドリルを持ってきました。引っ越しで転校を繰り返し、何かがきっかけで勉強につまずいていました。それだけでなく、〝だって迷惑かけるもん〟〝だって悪いもん〟と遠慮するばかりで頼ってくれなかったのです。それでまずは約束の時間にやってくること、それができたらほめて、遅れてもけっして怒らないようにしました。

すべてを受け入れて、信頼関係を築いた。やがて〝だって〟が口癖だった彼に、自己肯定感が育ったのでしょう。〝だって〟は言わなくなりました。

私は周囲からは、教師の資格も持っていないくせに、受験に失敗したら責任とれるのかと批判もありましたが、ほおっておけなかった……」

10月下旬になるとプレーパークの学生ボランティアにタカシの学習サポーターを依頼し、栗林ら5人でチームを組んで、英語、社会、数学などを教えていった。

そして12月になると、栗林はタカシの母親と初めて会い、東京都の「受験生チャレンジ支援貸付事業」があることを教え、受験準備の塾代20万円と高校受験料免除の手続きをすすめた。

「しかし助成金の申請には保証人が必要で、お母さんには保証人の当てがなく、私が保証人になることにしました。保証人は高校に進学したら20万円は返済が免除されますが、進学しない場合は返済義務があります。保証人を受けたものの、正直20万円は厳しく、サポーターは学生なので頼めるはずがなく、地域の仲間に1000円のカンパを募り、11万円を集めてくれました。個人情報を考慮しつつリアルに現状を伝えたことで、子どもの貧困の問題にも目を向けてくれたのだと思います」

タカシは、塾での猛勉強の末、高校に合格できた。

「今まで生きてきた中でいちばん嬉しかった」

あれから3年、2015年の春、タカシは高校を卒業して、就職した。

「これでやっとバイトしないですむ」

きずなが生まれる「夜の児童館」

そのときのつながりがきっかけとなり、12年6月に『豊島子どもWAKUWAKUネットワーク』を設立。教育格差による貧困の連鎖を食い止めようと無料学習支援を始めた。その後も「夜の児童館」、そして前述の「子ども食堂」などを次々と開設していった。

「夜の児童館」は毎週火曜日午後4時から8時まで、大学生のボランティアと遊び、夕食をともにする。スタッフが、学童保育に迎えに行き、夜の児童館まで連れてくるので、登録している子どもの親も安心して利用できる。

不登校や引きこもりの支援を10年続け、現在夜の児童館の運営責任者の天野敬子（同NPO事務局長）が言う。

「夜の児童館は、子どもが1人で家にいるのではなく大学生やスタッフと遊び、食事をして楽しい時間を過ごせます。家庭的な場の提供を目標にしています」

栗林も天野も、子どもたちやお母さんによく声をかける。「どうしてた？」「元気？」。声をかけることで、親子の置かれた状況が見えてくることもある。

「おせっかいなんですよ。おせっかいおばさん。声をかけることで、仲良くなれるし、距離も縮まっていく。

ここ数年は特に、貧困を強く意識するようになりました。子どもの貧困には必ず大人の貧困があります。でも他人事ではない。私たちだって、いつ貧困に陥るかはわからないという思いでやっています」（栗林）

500円以下のコンビニ弁当を1人で食べていたタカシが、栗林の家族と一緒にご飯を食べられるようになり、最後は自己肯定感も持てるようになった。それが栗林の自信につながっていったという。

「何年も経って、子どもたちが、そういえば自分たちのことを見続けてくれた大人がいた

なあ、と思ってもらえればそれでいいと思う」（栗林）

子どもたちの心がキャッチできるプレーパークに〝おせっかいおばさん〟栗林は今も通い続けている。子どもと母親は地域で守り育てる、その信念のもと――。

2人目はたった5000円の加算

相対的貧困率の上昇の背景にあるのは、母子家庭の困窮が背景にあると言われている。前述したとおり、児童扶養手当は、親と子の2人世帯で年収130万円未満では月額4万2000円支給される。しかし子ども2人の場合5000円の加算、3人の場合3000円の加算しかない。

取材してきた多くのシングルマザーたちは「子どもが増えると食費代だけでも大変なのに、2人でも5000円の加算だけになってしまうので、生活はかなり大変です。2人目以降の加算を増やしてほしい」と口を揃える。

こういった声を受けて『しんぐるまざあず・ふぉーらむ』では、2人目以降の手当加算額を現行の倍にして、2人目を1万円、3人目以降を6000円にする要求を厚労省に提出している。実現すれば35年ぶりとなる。

またNPO法人『キッズドア』でも、「せめて2人目、3人目を1万円に増額してほしい」と政府に要望する署名を始めている。

元夫からの養育費が望めない家庭では、子どもの生活を安定していくためには、児童扶養手当の拡充が欠かせない。政府は「充実を検討する」とだけにとどめているが、まったなしであることをわかってほしい。

また生活保護の基準額の引き下げに伴い、全国の27の市町村で就学援助の対象を縮小したことが文部科学省の調査でわかった。

就学援助は学用品や修学旅行費などを補助するもので、年額約7万円支給されている。就学援助は生活保護の基準額を支給のめどにしているために、これが下がると就学援助額も下がってしまうのだ。

減額された主な市町村は、函館市、川崎市、大阪市、福岡市など。支援を必要としている子どもたちに対して、きちんと行き届くようにしなければいけない。

シングルマザーの13・3%は中学卒業

厚労省の「ひとり親家庭等の現状について」によると、母子家庭の最終学歴は高校卒業がもっとも多く、次いで短期大学等卒業となっている。中学卒業は13・3%となっていた。最終学歴によって収入も異なる。

シングルマザーには学び直しの支援もわずかながら始まった。高卒認定試験合格のための講座の受講費用の一部を支給していて、最大受講費用の6割を支給（上限15万円）。通信教育の受講も可能なので、母親自身のキャリアをつけていくことも大事だ。

さらに資格の取得、看護師、准看護師、保育士、介護福祉士などで、法令で2年以上のカリキュラムを修業することが必要とされている資格は、修業する全期間（上限2年）で、住民税非課税世帯には月額10万円、住民税課税世帯には7万5０００円を支給している。平成19年度から23年度までに９５２８人が資格を取得しており、この資格によって、病院や保育所等に就業している。

「看護師の場合は実習中は朝早く家を出て病院で実習、夜は実習記録を書かねばならないので、子どもの保育を親族に分担してもらうなどの援助も必要になってきます。こういった手だてができる人しか資格取得に結びついてはおらず、子育て支援も必要なのです」（前出・赤石）

タカシが必死に頑張って高校を目指したように、貧困から脱出するには、学歴をつけて社会に出ることが必要だと思う。

調査によると、シングルマザーの世帯の子どもの19歳時点の就学状況は、大学、大学院が20・6％。専門学校等が20・6％。短大が5％。就労が29・1％となっている。

13年の学校基本調査による全国の大学・短大進学率（現役）が53・2％なので、シングルマザー家庭の大学などへの進学率は低いという数字が出ている。

シングルマザーになっても正社員の仕事があり、実家や親族の支援が可能ならば、大学に進学できるだろうが、それがないとなると奨学金に頼らざるをえない。奨学金も給付型より貸与型が多いこともあって、なかなか奨学金を使ってまで、大学に進学しようとする動きが出てこない。大学進学を志望するすべての子に、無利子の奨学金を拡充することだ。政府もひとり親家庭支援策に、無利子の奨学金を拡充することを盛り込んではいるが、できれば給付型にする。教育の機会均等のためにも手厚い策が必要なのだ。

子どもの命を守るために、誰でもできること

政府は「子どもの貧困対策に関する大綱」で、主に文科省、厚労省、内閣府が対策を担うことになっている。3府省で約8742億円の予算を計上すると同時に民間に寄付を募る『子供の未来応援基金』を創設している。国の予算とは別に貧困対策に取り組むNPOや民間企業などの事業運用に充てるのだという。

それに伴い厚労省は、来年度予算の概算要求に居場所づくりなどの対策費を計上している。シングルマザーの家庭が働きづめで、子どもたちが家で夕食が摂れない、しかも孤食

が顕著。さらには行き場を失って夜の町を徘徊して、犯罪に巻き込まれるケースも少なくないとあっては、早急に居場所づくりが必要だ。

私は金銭面で母親と子どもの生活を支えるのは、国の役目だと思っている。行政は生活保護や家賃の減免など社会保障を住民に周知し、情報を共有することで、救えた命はたくさんあったはずだ。水際作戦で尊い命が失われることがあってはならない。

そして母子を孤立させないように、地域の人々やNPOで支えながら子育てサポートをしていかなければ、貧困も虐待もなくならない。

子どもの命を守るために大人がやるべきことはたくさんある。1人ひとりが身近にいる母子のために何かをしなければいけないと思っている。

おわりに

本書を執筆している数ヵ月の間にも、数々の事件が起こった。

料金滞納で電気を止められ、夜になると灯り代わりにろうそくを使っていたある家族。このろうそくが原因となり出火、家族3人が犠牲になった。周辺の住民は「どんな人たちだったかは知らない」と口を揃え、親戚さえも「どんな生活をしていたかわからない」と言う。近所や親戚とさえ、つながっていなかった。

最後まで止まらない水道にくらべて、電気はいち早く止まってしまう。電気料金の未払いを把握することで、貧困をなんとかすることはできなかったのか。実は照明代わりにろうそくを使ったことが出火原因の火災は全国各地で、かなりの件数が起きている。

ライフラインの滞納は、あきらかな「貧困のサイン」である。

それを見逃してはならない。

社会の、行政の仕組みを変えていかなければ、救える命も救えない。

子どもの虐待も同様である。警察庁は15年の1月から6月までの児童虐待の数字を発表した。摘発した事件は、376件。半期ごとの統計を取り始めた2000年以降最多となっている。加害者は、実父がもっとも多く、次いで実母、養父、継父となっている。児童相談所への通告では、子どもの目の前で父親が母親に暴力を振るう「面前ドメスティックバイオレンス」を含む心理的虐待は43％増になっている。

生活苦による無理心中の報も入る。子どもと母親、高齢の両親と介護する娘。年末に向けて、その数は増えていくかもしれない。

福祉を研究するでもなく、社会活動家でもない私が、本書を書いたのには理由がある。ここ数年の貧困状況を見ていると、書かずにはいられなかったのだ。「一億総活躍社会」という聞こえはいいスローガンの中で、置き去りにされている人はあまたいる。日本で何が起こっているのか。ほんの一部でしかないが、千葉・銚子の長女殺害事件、熊本の赤ちゃん死体遺棄事件、高知の虐待事件など、母親の視点で書いたつもりだ。貧困を、今やっと見ようとしている人たちへの問題提起になればいいと思っている。

可純さん。

名前をつけられる前に亡くなった赤ちゃん。

Rちゃん。

そして虐待や貧困で亡くなっていった子どもたち。

彼らの命を守れなかった周囲の大人たち――。

貧困と虐待はいつだって背中合わせである。だからこそ、子どもたちを守るために、私たち大人がつながっていかなければならないと思っている。情報を共有し、望む人に居場所、食料を提供していくことが急務である。

最後に取材に応じていただいたすべての方に感謝したい。多くの方の協力がなくして本書はでき上がらなかった。

そして大和書房の藤沢陽子氏には大変お世話になった。母親としての視点を授けてくれた家族にもお礼を言う。

いつだって誰だって貧困に陥る可能性がある。そんな想像力を働かせながら読んでいただければ幸いである。

2015年　樋田敦子

[参考文献]

『女性たちの貧困』NHK「女性の貧困」取材班（幻冬舎）
『下流老人』藤田孝典 （朝日新聞出版）
『貧困のなかでおとなになる』中塚久美子（かもがわ出版）
『ルポ　子どもの貧困連鎖』保坂渉、池谷孝司（光文社）
『ハウジング・プア』稲葉剛（山吹書店）
「月刊クレスコ」（2014年9月号）
全国教職員組合「保健室から見える子どもの貧困の実態」（2009年7月）
熊本日日新聞
高知新聞

[初出一覧]

「婦人公論」（中央公論新社）
“正社員化”の推進で私たちは幸せになれるのか?（2014年10月7日号）
400万人が陥る“老後破産”の現実は（2014年12月22日、1月7日号）
“奨学金返済で破産”の悲劇はなぜ起きる?（2015年8月25日号）
“無戸籍者”という境遇を生きる　前編（2015年4月28日号）
“無戸籍者”という境遇を生きる　後編（2015年5月12日号）

本書には公判での証言が数多く記載されていますが、証言記録は筆者の傍聴記録が元になっています。また、本文中で個人を特定する表現（固有名詞等）は個人情報の取り扱いとなるため避け、原則として仮名や無作為のアルファベットに、年齢も必要な場合を除き、概ねの表記としています。

［著者プロフィール］

樋田敦子（ひだ・あつこ）

1958年、東京生まれ。明治大学法学部卒業後、新聞記者に。ロス疑惑、日航機墜落、阪神大震災など主に事件事故報道の現場に立った。10年の記者生活を経てフリーランスに。主に雑誌で、女性と子どもたちの問題をテーマに取材、執筆をつとめるほか、テレビ、ラジオの情報番組の構成も担当する。手がけた書籍に、東京の大学生と岩手県宮古の被災した小学生たちとの交流を追った『僕らの大きな夢の絵本』（竹書房）など多数。

女性《じょせい》と子《こ》どもの貧困《ひんこん》

2015年12月31日　第1刷発行

著　　者　樋田《ひだ》敦子《あつこ》
発 行 者　佐藤 靖
発 行 所　大和《だいわ》書房
　　　　　東京都文京区関口1-33-4
　　　　　電話 03-3203-4511

装　　丁　余井久幸［TwoThree］
写　　真　渡辺委

カバー印刷　歩プロセス
本文印刷　シナノ
製　　本　ナショナル製本

ISBN978-4-479-39287-3
乱丁本・落丁本はお取り替えいたします
http://www.daiwashobo.co.jp